Dana Erdtmann

AMIGURUMI

Tierisch süße Anime-Püppchen häkeln

AF639212

CV

INHALT

VORWORT

HALLO LIEBE LESERIN, LIEBER LESER,

seit meiner Jugend bin ich Fan von Anime und Manga und habe auch eine Zeit lang selbst Charaktere gezeichnet. Das Häkeln beherrsche ich bereits seit der Grundschule. Als ich süchtig nach Amigurumi wurde, wusste ich noch nicht, dass diese ebenfalls aus Japan kommen. Auch Cosplay finde ich total toll. Ich verkleide mich selbst aber eher an Halloween und auf Mittelalter- und Fantasy-Festivals. Eine weitere Leidenschaft von mir gilt den Tieren. Deshalb habe ich Zoologie studiert und meine ersten Amigurumi waren natürlich auch Tiere! Kein Wunder, dass schließlich alle meine Interessen – Tiere, Anime und Verkleiden – in einem Buch zusammengefunden haben. Viele Anleitungsbücher sind darauf ausgelegt, dass man die Figuren eins zu eins nachhäkelt. Ich möchte es anders machen und habe daher darauf geachtet, dass dieses Buch insgesamt sehr vielseitig ist und ich euch möglichst viele unterschiedliche Anregungen bieten kann. So wie beim Cosplay freie Interpretationen und Charaktervermischungen erlaubt sind, soll euch dieses Buch inspirieren! Kombiniert verschiedene Einzelteile aus den Anleitungen, spielt mit den Hautfarben und Geschlechtern und probiert auch andere Farbzusammenstellungen aus. Erst das macht eure Amigurumi einzigartig. Wenn ihr mögt, würde ich mich freuen, wenn ihr mir Bilder eurer Werke zukommen lasst, um diese auf meiner Website ***www.danae-handarbeiten.de*** mit anderen zu teilen.

Und jetzt wünsche ich euch viel Spaß beim Häkeln, los geht's!

DANAE

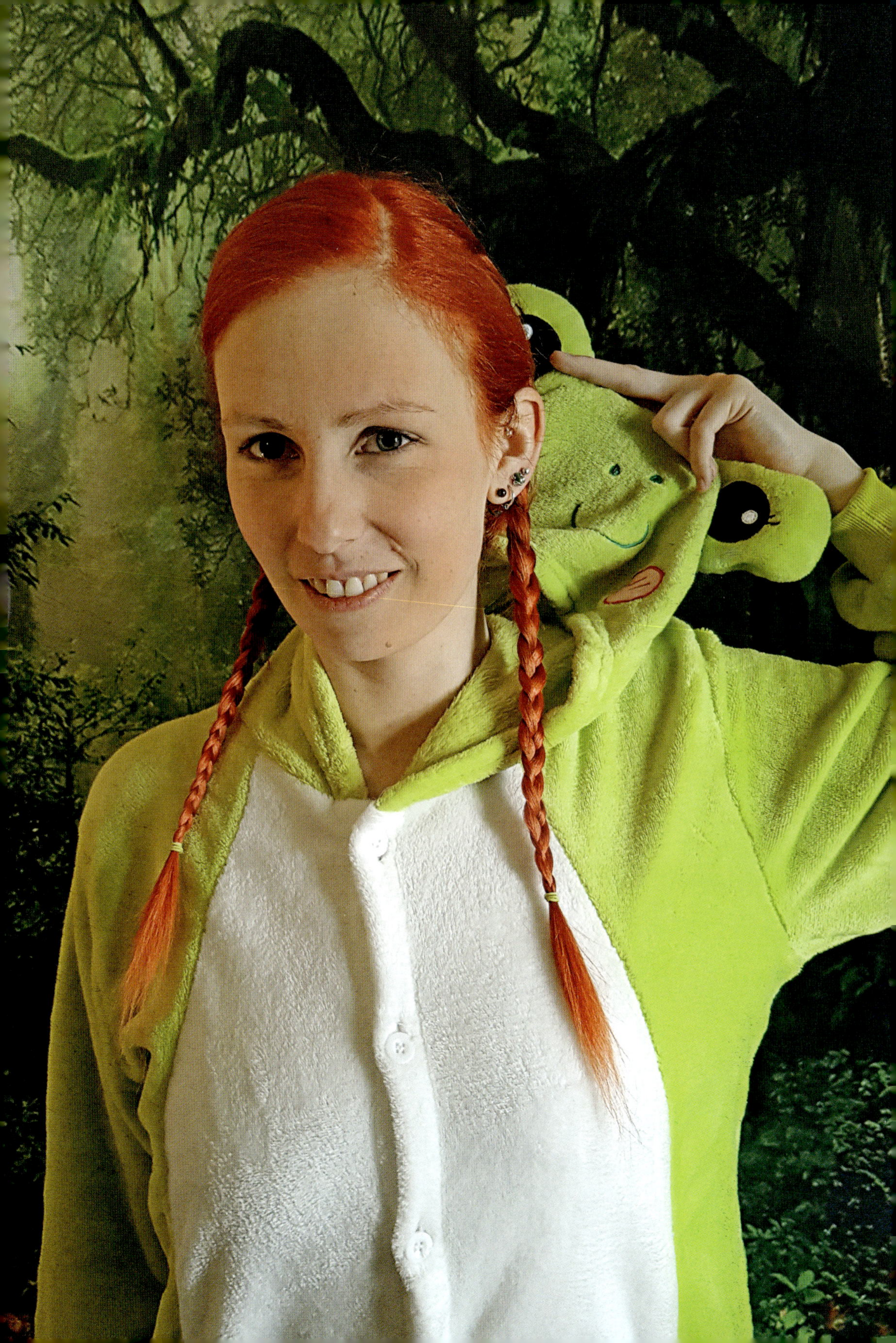

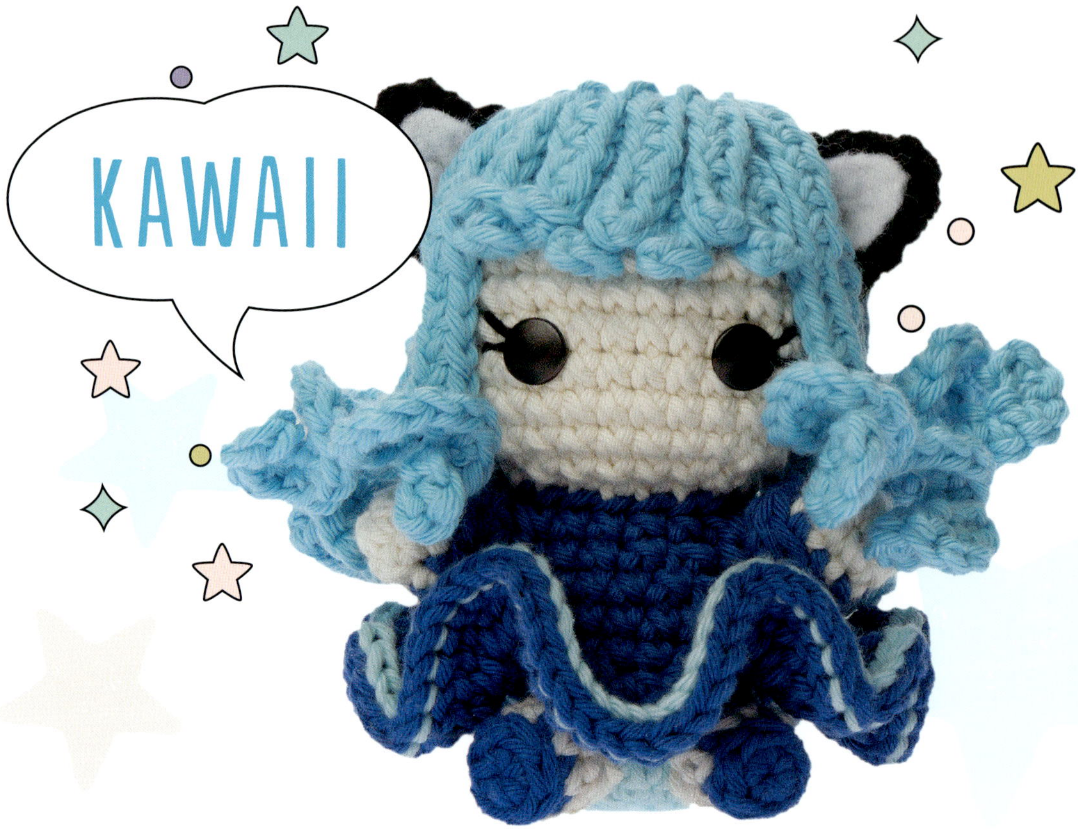

ALLES AUF JAPANISCHEM MIST GEWACHSEN!

Amigurumi sind eine japanische Erfindung. Das Wort Amigurumi setzt sich aus den beiden Wörtern „amu" und „nuigurumi" zusammen, was ursprünglich so viel wie „gestricktes Stofftier" bedeutet. Bei Amigurumi handelt es sich meist um kleine aus Garn gehäkelte Tiere mit einem überproportional großen Kopf auf einem zylindrischen Körper mit eigentlich zu kleinen Extremitäten, was dem Kindchenschema entspricht (Chibi-Stil). Weitere beliebte Objekte sind auch Lebensmittel und Gegenstände mit menschlichen Zügen, wie es typisch für die japanische Kultur ist.

Für gewöhnlich besteht ein Amigurumi aus mehreren Einzelteilen, die in Spiralen und Runden gehäkelt werden. Amigurumi haben keinen speziellen Nutzen. Weil sie so niedlich sind, werden sie gern gesammelt und zum Spielen benutzt. Auch eignen sie sich gut als Schlüsselanhänger.

Ein ebenfalls sehr wichtiger Bestandteil der japanischen Kultur sind Manga (japanische Comics) und Anime (animierte Manga). Man unterscheidet viele verschiedene Zeichenstile. Einer davon ist der erwähnte Chibi-Stil. Zusätzlich zu den oben genannten Eigenschaften werden bei den im Chibi-Stil gezeichneten Manga-Charakteren auffällige Merkmale wie Augen und Mund drastisch vereinfacht und im Vergleich zu ihrer ursprünglichen Form stark verkleinert. Dies haben sich die „Erfinder“ der Amigurumi zum Vorbild genommen.

Ein weiterer Manga-Zeichenstil nennt sich **Kemonomimi**, übersetzt „Tierohren“. Dabei handelt es sich um menschliche Charaktere mit Tierohren, die oft auch weitere Tiermerkmale tragen, wie z. B. einen Schwanz oder Hörner. Zu den bekanntesten Formen gehören die „Nekomimi“ („Katzenohren“) und „Inumimi“ („Hundeohren“).

Noch ein sehr weit verbreiteter Trend, der seinen Ursprung in Japan hat, ist das **Cosplay**. Dabei verkleidet man sich z. B. als Manga- bzw. Anime- oder Videospiel-Figur und versucht durch meist selbstgemachte, aufwendige Kostüme, diese möglichst getreu darzustellen. Aber es sind auch freie Interpretationen oder die Vermischung von Charakteren erlaubt.

Dem japanischen Vorbild folgend, haben die hier gezeigten Amigurumi die Kemonomimi und das Thema Tier-Cosplay zum Vorbild. Dementsprechend ist das Buch in zwei Kapitel unterteilt: Die Amigurumi im ersten Teil sind mit Merkmalen von Tieren ausgestattet, während die Püppchen im zweiten Teil kleine Tierkostüme mit Kapuzen oder anderen Tiermerkmalen tragen. Die Einflüsse aus der japanischen Street Fashion sind bei allen erkennbar!

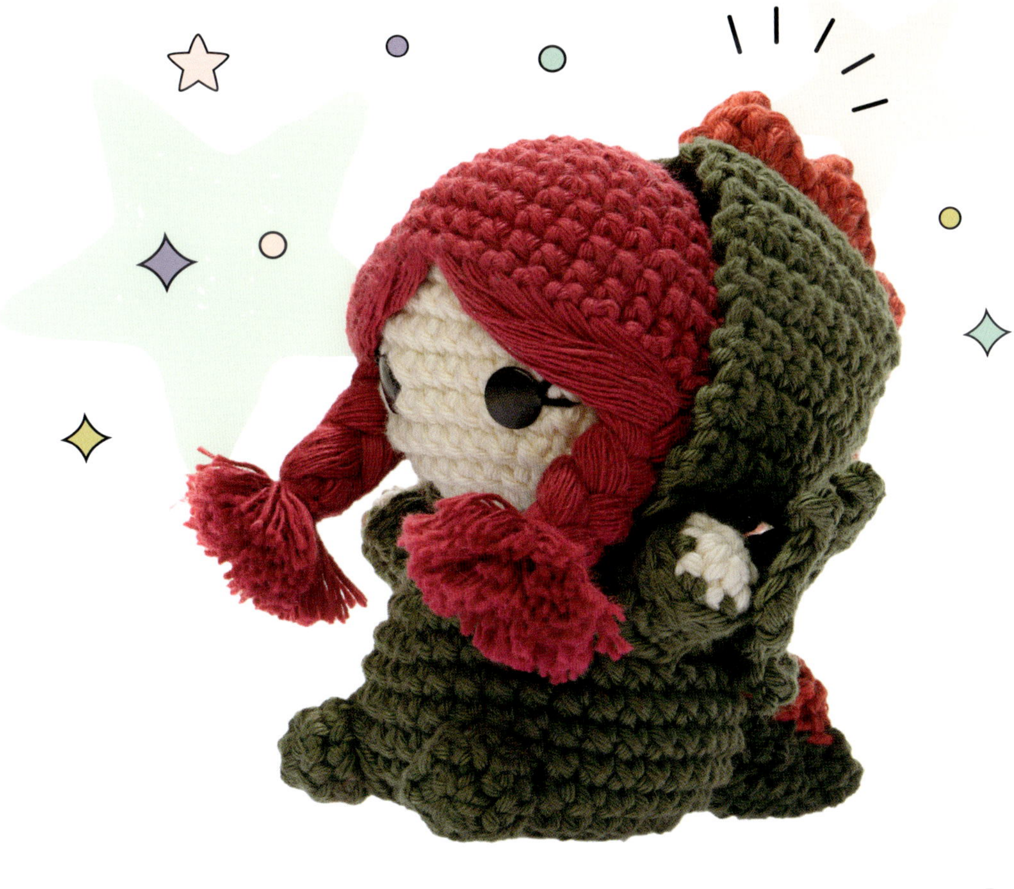

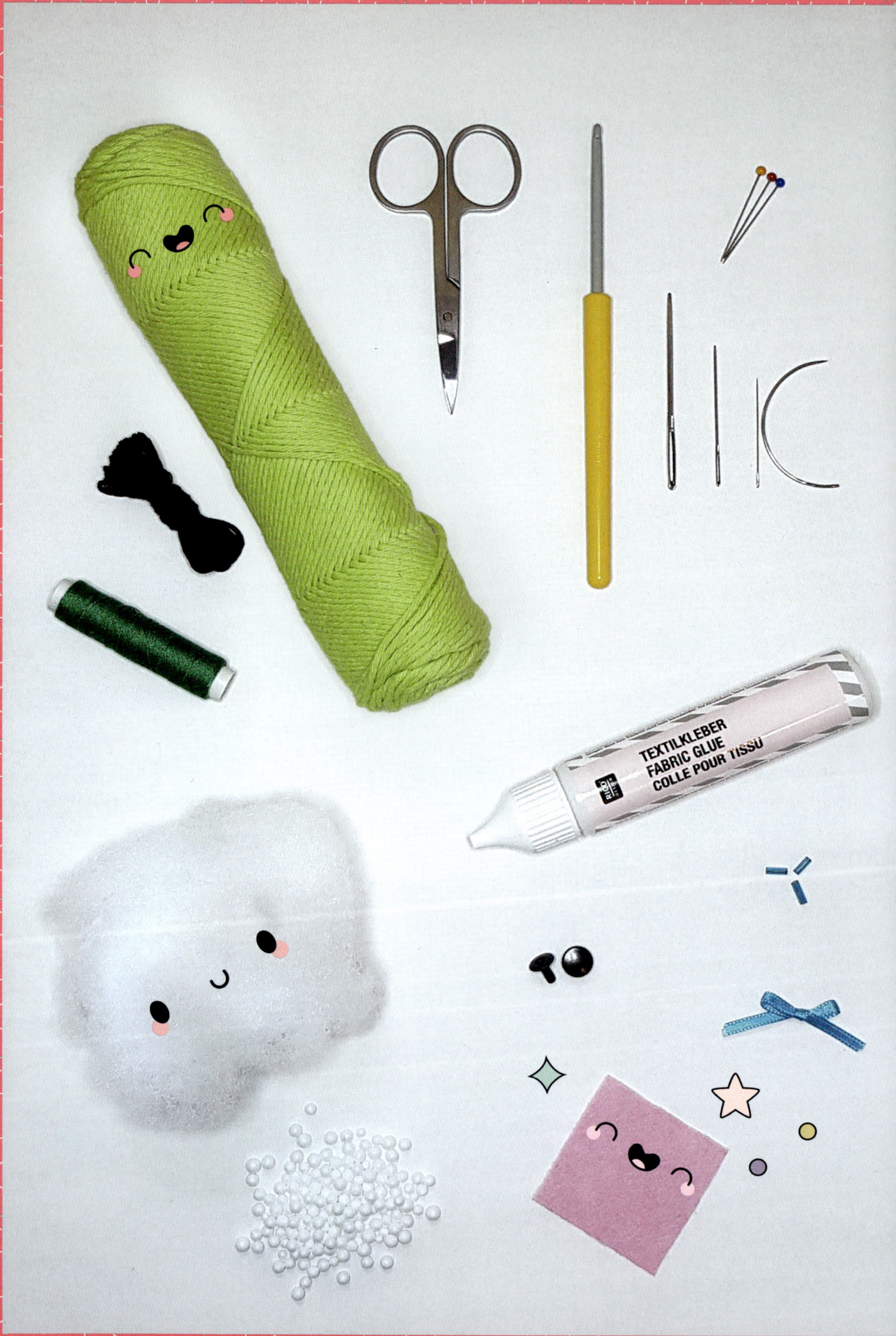
TEXTILKLEBER
FABRIC GLUE
COLLE POUR TISSU

MATERIAL

Typisches **Häkelgarn**, oder auch Topflappengarn, besteht aus 100 % Baumwolle. Ich benutze Baumwollgarn mit einer Lauflänge von 85 m auf 50 g. Dieses gibt es von verschiedenen Herstellern, weswegen man sie gut kombinieren kann. Für meine Amigurumi benötigt man meist pro Farbe weniger als ein halbes Wollknäuel.

Häkelnadeln gibt es in verschiedenen Größen. Für Amigurumi sollte man immer eine kleinere Häkelnadel benutzen als auf der Garnbanderole angegeben. So werden die Maschen schön eng und das Füllmaterial quillt nicht heraus. Für das von mir verwendete Garn wird eine Nadelstärke zwischen 4,0 mm und 5,0 mm empfohlen, daher benutze ich eine Häkelnadel in der Stärke 3,5 mm.

Zum Ausstopfen eignet sich **Füllwatte** sehr gut. Zusätzlich befülle ich die untere Hälfte des Körpers noch mit kleinen **Styroporkügelchen**, um meinen Amigurumi einen besseren Stand zu geben. Noch besser eignet sich dafür Füllgranulat, welches zusätzlich beschwert. Meist braucht man nicht viel Füllmaterial, d. h. die handelsüblichen Packungen reichen für eine ganze Reihe von Amigurumi!

Zum Zusammennähen stecke ich die Einzelteile zunächst mit **Stecknadeln** fest und nähe sie dann mit einer **Wollnadel** und dem zuvor zum Häkeln verwendeten Garn zusammen. Wenn ich beispielsweise einen Arm an den Körper nähe, nähe ich die äußeren Schlaufen der letzten Arm-Reihe am Körper fest. Einzelteile, die nur aus einer Hin- und Rückreihe bestehen (z. B. Horn, Fühler), knote ich nur mit den beiden Endfäden fest. Haarsträhnen nähe ich wiederum mit Nähgarn an.

Da die meisten Amigurumi Lebewesen darstellen, dürfen Augen natürlich nicht fehlen. Ich bevorzuge 9 mm **Hohlnieten**, man kann aber auch Wackel- oder Sicherheitsaugen nehmen.

Tipp: Hohlnieten haben eine fest definierte Steglänge von meist 7 mm. Damit sie hinterher schön dicht sitzen, häkele ich noch einmal 2 kleine Kreise (je 6 fM im Fadenring, KM) und setze diese von innen zwischen die beiden Hohlnieteneinzelteile Abb. 1 . Der Steg der Hohlnietenunterseite geht somit erst durch den kleinen Kreis und dann von innen durch den Kopf. Von außen drückt man dann mit den Fingern die Hohlnietenoberseite (= Auge) auf den Steg.

Zur weiteren Verzierung sind der Kreativität keine Grenzen gesetzt! Oft benutze ich 1 mm starken Filz oder Stickgarn. Es spricht aber auch nichts gegen Federn, Perlen, Schleifenbänder, Perlenmaker etc. Außerdem braucht man noch Textilkleber, z. B. zum Fixieren von Fadenenden und natürlich für den Filz.

1

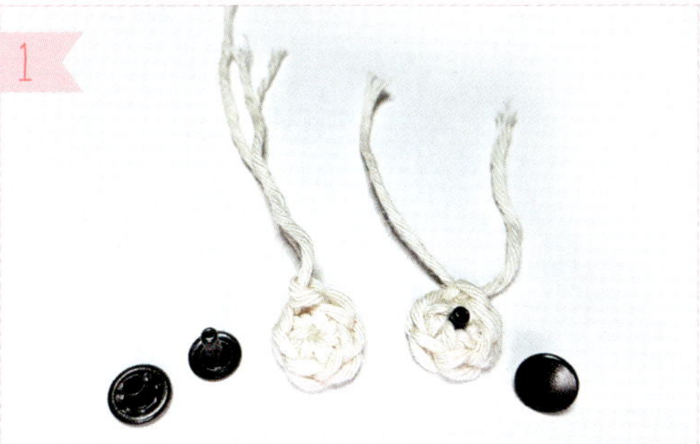

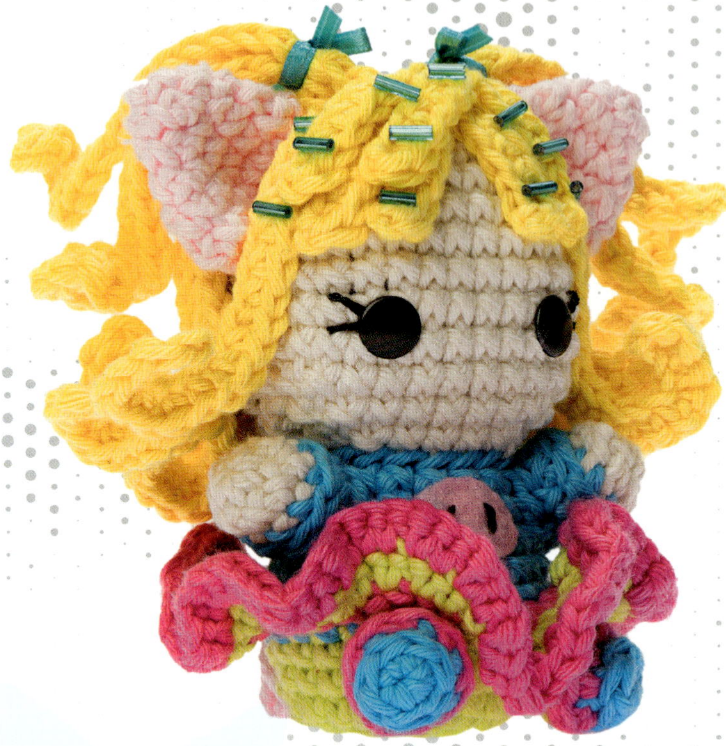

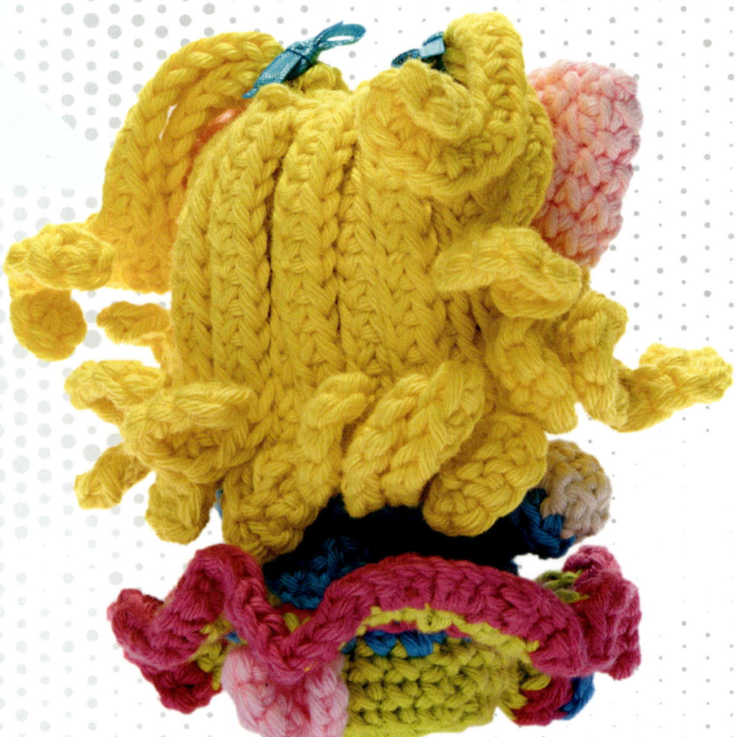

BUTA

DIE SCHWEINESAU SAMMELT LEIDENSCHAFTLICH GERNE HAARSPANGEN UND GEHT OFT IN HARAJUKU SHOPPEN.

GRÖSSE:
CA. 10,5 CM

MATERIAL

- Kurtenbach „Twister Curly 8 uni" (100 % Baumwolle, LL 85 m/50 g), in Rosa (Fb. 30), Dunkelpink (Fb. 33), Türkis (Fb. 65) und Pistazie (Fb. 71)
- Wolle Rödel „Cotton Universal" (100 % Baumwolle, LL 85 m/50 g), in Natur (Fb. 31) und Banane (Fb. 34)
- Häkelnadel 3,5 mm
- Stickgarn in Schwarz
- Sticknadel
- Wollnadel zum Vernähen
- 2 Hohlnieten, 9 mm, für die Augen
- Füllwatte
- Styroporkügelchen
- Nähgarn in Gelb
- Nähnadel
- Satinband, 3 mm breit, in Türkis, 30 cm
- Filzrest, 1mm dick, in Rosa
- Textilkleber
- Stäbchenperlen in Türkis, ca. 10 Stück

T-SHIRT UND ROCK

Mit Pistazie beginnen.

1. Rd: 1 LM, 6 fM in Fadenring, KM (= 6 M)
2. Rd: 1 LM, 6x zun, KM (= 12 M)
3. Rd: 1 LM, (2x zun, 1 fM) 4x, KM (= 20 M)
4. Rd: 1 LM, (1x zun, 4 fM) 4x, KM (= 24 M)
5. und 6. Rd: 1 LM, 24 fM, KM (= 24 M)
Zu Türkis wechseln.
7. Rd: 1 LM, 24 fM, KM (= 24 M)
8. Rd: in hint Schlaufen 1 LM, 24 fM, KM (= 24 M)
9. Rd: 1 LM, 24 fM, KM (= 24 M)
10. Rd: 1 LM, (4 fM, 1x abn) 4x, KM (= 20 M)
11. Rd: 1 LM, (8 fM, 1x abn) 2x, KM (= 18 M)
12. Rd: 1 LM, 18 fM, KM (= 18 M)
Faden abschneiden und vernähen Abb. 1 .

1

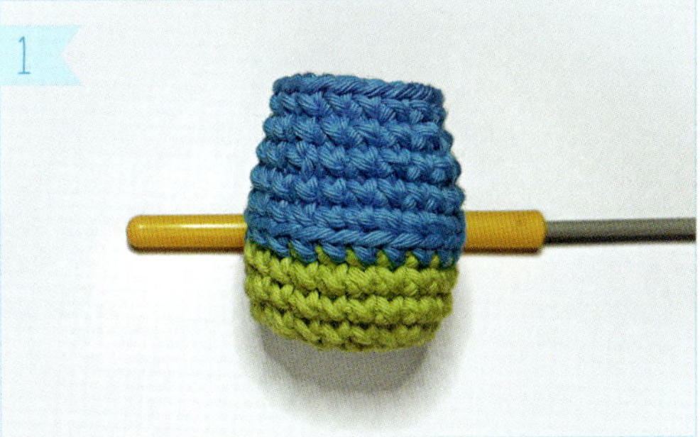

In vord Schlaufen der 8. Rd in Dunkelpink wie folgt häkeln:
1. Rd: 1 LM, (2x zun, 1 fM) 8x, KM (= 40 M) Abb. 2
Zu Pistazie wechseln.
2. Rd: 1 LM, (2x zun, 1 fM) 13x, 1 fM, KM (= 66 M)
Zu Dunkelpink wechseln.
3. Rd: 1 LM, (1x zun, 1 fM) 33x, KM (= 99 M)
Faden abschneiden und vernähen Abb. 3 .

KOPF (in Natur häkeln)

1. Rd: 6 fM in Fadenring, KM (= 6 M)
2. Rd: 1 LM, 6x zun, KM (= 12 M)
3. Rd: 1 LM, 2 fM, 3x zun, 4 fM, 2x zun, 1 fM, KM (= 17 M)
4. Rd: 1 LM, 2 fM, 1x zun, 3 fM, 1x zun, 4 fM, 1x zun, 3 fM, 1x zun, 1 fM, KM (= 21 M)
5. Rd: 1 LM, 2 fM, 1x zun, 3 fM, 1x zun, 6 fM, 1x zun, 3 fM, 1x zun, 3 fM, KM (= 25 M)
6. Rd: 1 LM, 2 fM, 1x zun, 3 fM, 1x zun, 8 fM, 1x zun, 3 fM, 1x zun, 5 fM, KM (= 29 M)
7.–10. Rd: 1 LM, 29 fM, KM (= 29 M)
11. Rd: 1 LM, 2 fM, 1x abn, 8 fM, 1x abn, 3 fM, 1x abn, 8 fM, 1x abn, KM (= 25 M) Abb. 4
Wimpern mit schwarzem Stickgarn wie ein schräges V über eine Länge von je 2 M aufsticken.
Augen zwischen der 9. und 10. Rd in einem Abstand von 6 M einsetzen.
Die Augen sollten jetzt auf dem gleichen Punkt liegen wie die Spitze des Wimpern-Vs Abb. 5 .
12. Rd: 1 LM, 1 fM, 1x abn, 6 fM, 1x abn, 3 fM, 1x abn, 6 fM, 1x abn, 1 fM, KM (= 21 M)
13. Rd: 1 LM, 1x abn, 4 fM, 1x abn, 3 fM, 1x abn, 4 fM, 1x abn, 2 fM, KM (= 17 M)
Kopf mit Füllwatte stopfen.
14. Rd: 1 LM, 4 fM, 3x abn, 3 fM, 2x abn, KM (= 12 M)
15. Rd: 6x abn, KM (= 6 M)
Faden abschneiden und vernähen Abb. 6 .

2
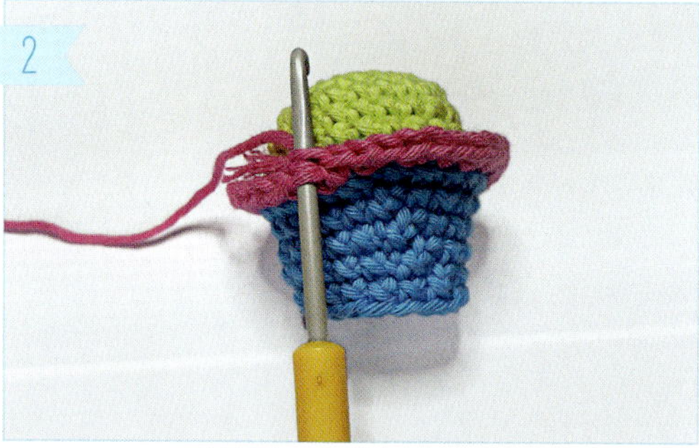

3
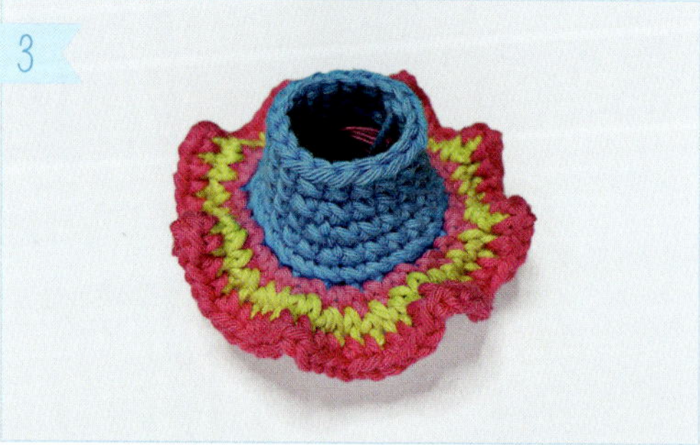

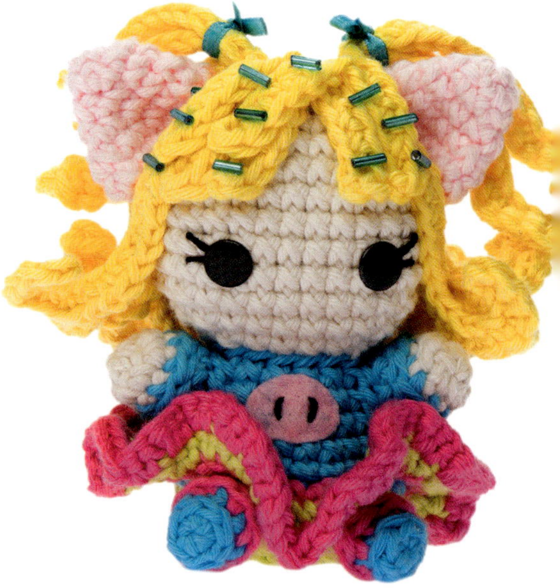

HAARE (in Banane häkeln)

1. Rd: 6 fM in Fadenring (= 6 M)
2. Rd: 6x zun, KM in vord Schlaufe (= 12 M) Abb. 7
Im Folgenden immer auf der Unterseite der LM zurückhäkeln:
3. Rd: in vord Schlaufen der 2. Rd (17 LM, 1 Wlm, [1x zun, 1 fM] 4x, 9 fM, 1 KM) 5x, (6 LM, 1 Wlm, 6 fM, 1 KM) 3x, (17 LM, 1 Wlm, [1x zun, 1 fM] 4x, 9 fM, 1 KM) 4x Abb. 8
4. Rd: in hint Schlaufen der 2. Rd (17 LM, 1 Wlm, [1x zun, 1 fM] 4x, 9 fM, 1 KM) 5x, (6 LM, 1 Wlm, 6 fM, 1 KM) 3x, (17 LM, 1 Wlm, [1x zun, 1 fM] 4x, 9 fM, 1 KM) 4x
Faden abschneiden und vernähen Abb. 9 .

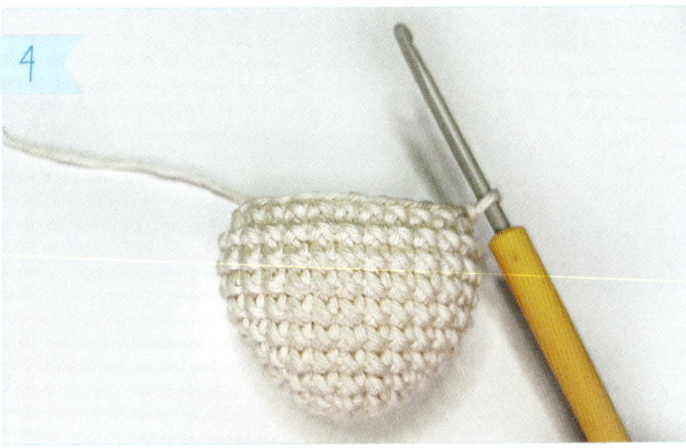
4

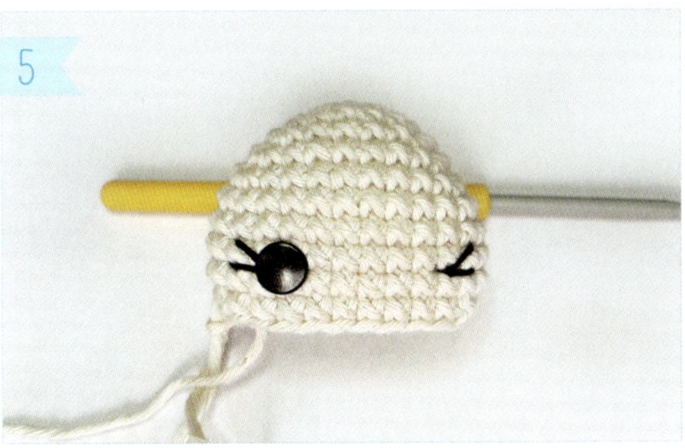
5

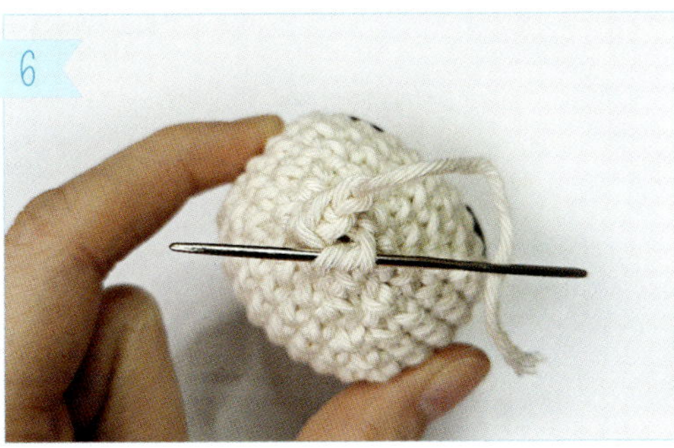
6

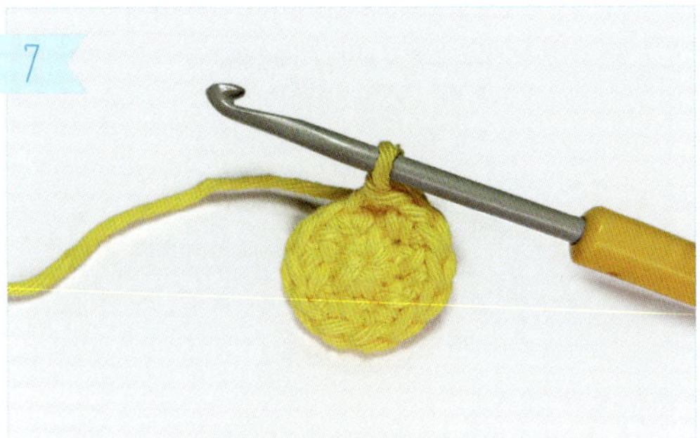
7

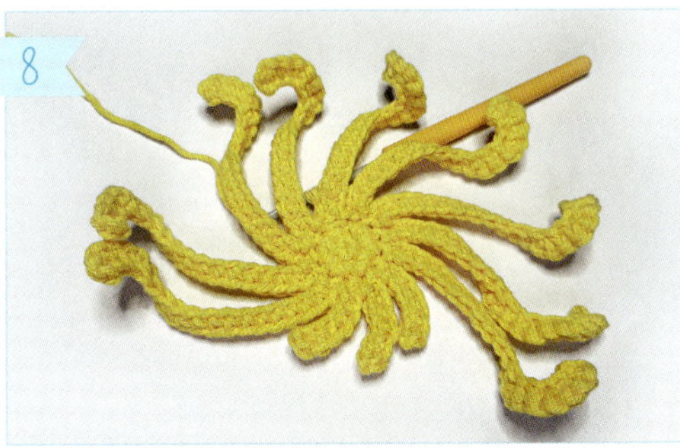
8

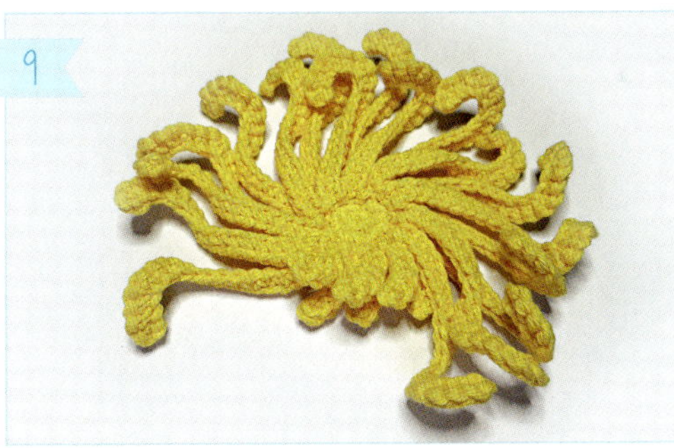
9

ARME (2x)

Mit Natur beginnen.
1. Rd: 6 fM in Fadenring, KM (= 6 M)
2. Rd: 1 LM, (1x zun, 2 fM) 2x, KM (= 8 M)
Zu Türkis wechseln.
3. und 4. Rd: 1 LM, 8 fM, KM (= 8 M)
Faden abschneiden und vernähen.
1 Rd KM zwischen der 3. und 4. Rd in Türkis häkeln Abb. 10 Abb. 11 .

BEINE (2x)

Mit Türkis beginnen.
1. Rd: 6 fM in Fadenring, KM (= 6 M)
Zu Dunkelpink wechseln.
2. Rd: 1 LM, (1x zun, 2 fM) 2x, KM (= 8 M)
Zu Pistazie wechseln.
3. Rd: 1 LM, 8 fM, KM (= 8 M)
Faden abschneiden und vernähen.
1 Rd KM zwischen der 1. und 2. Rd in Türkis sowie 1 Rd KM zwischen der 2. und 3. Rd in Dunkelpink häkeln Abb. 12 .

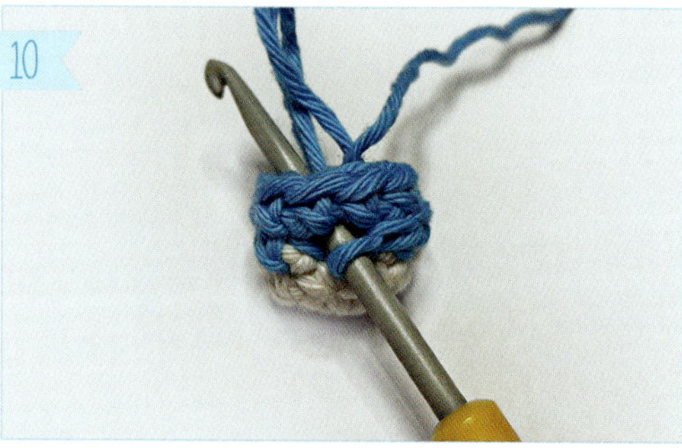
10

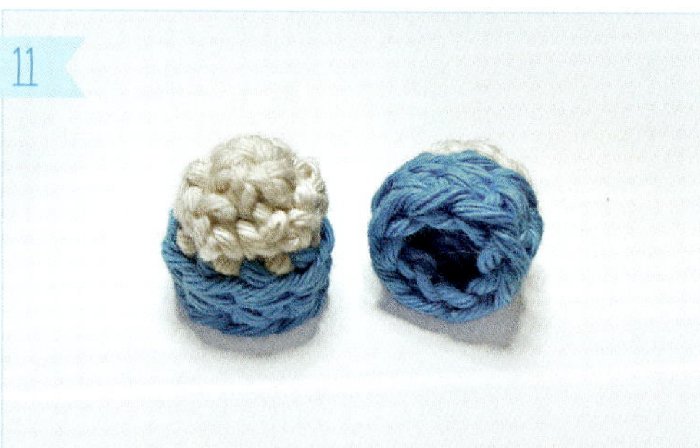
11

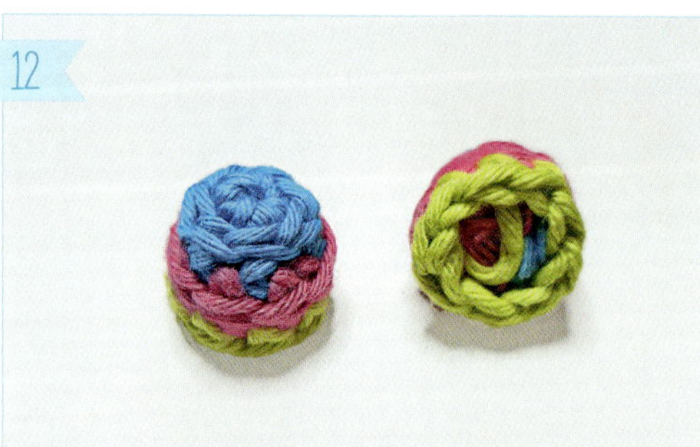
12

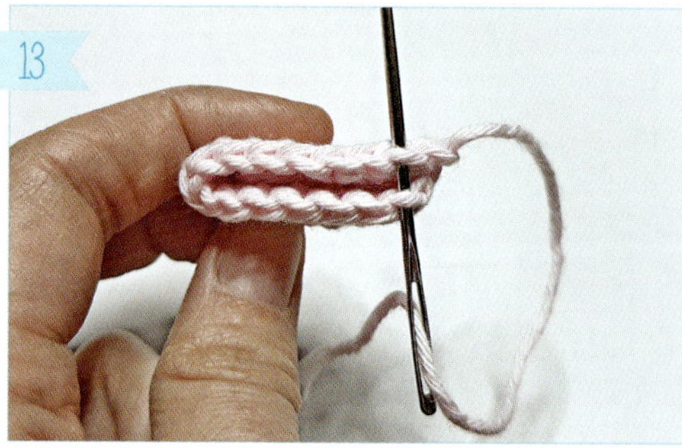
13

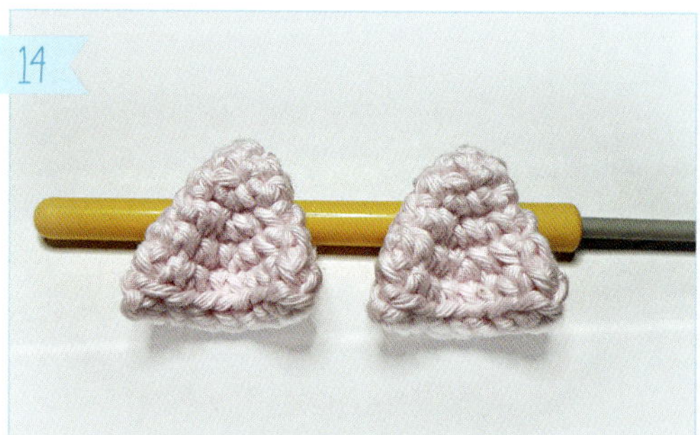
14

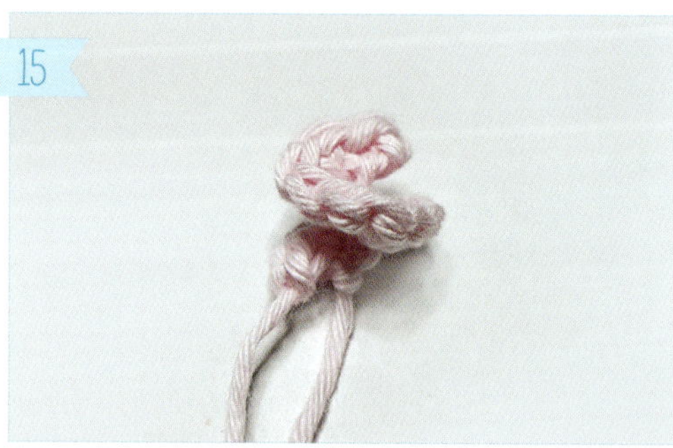
15

OHREN (2x in Rosa häkeln)

1. Rd: 4 fM in Fadenring (= 4 M)
2. Rd: (1x zun, 1 fM) 2x (= 6 M)
3. Rd: (1x zun, 2 fM) 2x (= 8 M)
4. Rd: (2x zun, 2 fM) 2x (= 12 M)
5. Rd: (1x zun, 2 fM) 4x (= 16 M)
6. Rd: 16 fM, KM (= 16 M)
Faden etwas länger abschneiden.
Ohr halbieren, sodass sich die hint Schlaufen gegenüberliegen, und mit Fadenrest die hint Schlaufen zusammennähen Abb. 13 Abb. 14 .

RINGELSCHWANZ (in Rosa häkeln)

5 LM, 1 Wlm anschl
1. R: auf der Unterseite zurückhäkeln 1 KM, (3 fM in 1 LM) 4x, LM
Faden abschneiden und aus der LM ziehen Abb. 15 .

EINZELTEILE ZUSAMMENFÜGEN

1. T-Shirt und Rock zu etwa einem Drittel mit Styroporkügelchen füllen, dann mit Füllwatte stopfen und an den Kopf nähen Abb. 16 .
2. Arme und Beine an den Körper nähen. Die Beine müssen dabei plan mit der Unterseite des Körpers abschließen Abb. 17 .
3. Ringelschwanz anknoten.
4. Ohren annähen.
5. Haare zunächst oben am Kopf festnähen Abb. 18 , dann mit Nähgarn die unteren 12 Haarsträhnen punktuell annähen Abb. 19 . Jeweils die beiden vorderen oberen langen Haarsträhnen mit türkis-farbenem Satinband zusammenknoten und eine Schleife binden. Dann die restlichen oberen 8 Haarsträhnen punktuell annähen.
6. Aus rosa Filz ein Oval ausschneiden und mit schwarzem Stickgarn zwei vertikale Linien aufsticken. Mit Textilkleber vorne mittig auf die Brust kleben (= Schweineschnauze).
7. Türkisfarbene Stäbchenperlen auf den Pony kleben (= Haarspangen).

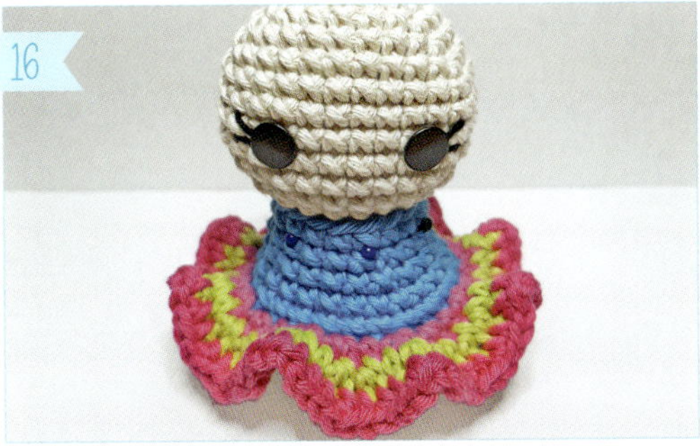
16

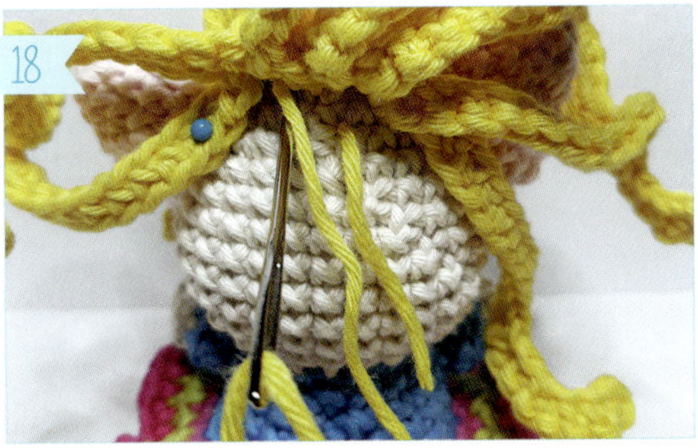
18

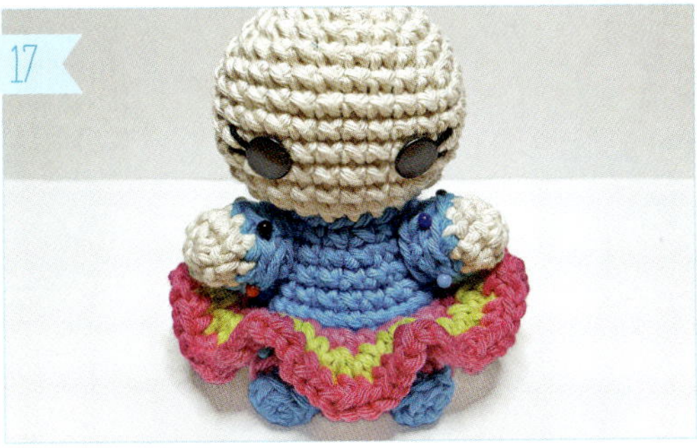
17

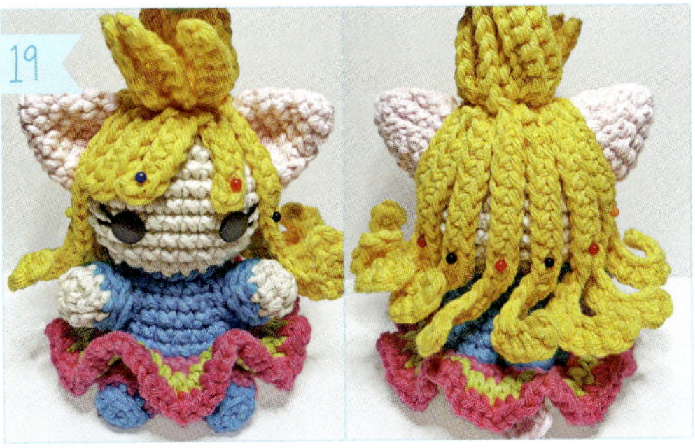
19

MARU HANA HACHI

DIE HUMMEL HÄLT SICH FÜR EINE KÖNIGIN UND FÜHLT SICH VOM DUFT SCHÖNER BLUMEN MAGISCH ANGEZOGEN.

GRÖSSE:
CA. 10 CM

MATERIAL

- Wolle Rödel „Cotton Universal" (100 % Baumwolle, LL 85 m/50 g), in Zimt (Fb. 57), Braun (Fb. 29), Banane (Fb. 34), Schwarz (Fb. 39) und Weiß (Fb. 38)
- Häkelnadel 3,5 mm
- Stickgarn in Schwarz
- Sticknadel
- Wollnadel zum Vernähen
- 2 Hohlnieten, 9 mm, für die Augen
- Füllwatte
- Styroporkügelchen
- Nähgarn in Braun
- Nähnadel

KLEID

Mit Weiß beginnen.
1. Rd: 1 LM, 6 fM in Fadenring, KM (= 6 M)
2. Rd: 1 LM, 6x zun, KM (= 12 M)
3. Rd: 1 LM, (2x zun, 1 fM) 4x, KM (= 20 M)
4. Rd: 1 LM, (1x zun, 4 fM) 4x, KM (= 24 M)
5. und 6. Rd: 1 LM, 24 fM, KM (= 24 M)
Zu Schwarz wechseln.
7. Rd: 1 LM, 24 fM, KM (= 24 M)
8. Rd: in hint Schlaufen 1 LM, 24 fM, KM (= 24 M)
Zu Banane wechseln.
9. Rd: 1 LM, 24 fM, KM (= 24 M)
10. Rd: 1 LM, (4 fM, 1x abn) 4x, KM (= 20 M)
Zu Schwarz wechseln.
11. Rd: 1 LM, (8 fM, 1x abn) 2x, KM (= 18 M)
12. Rd: 1 LM, 18 fM, KM (= 18 M)
Faden abschneiden und vernähen.
In vord Schlaufen der 8. Rd in Schwarz häkeln:
1. Rd: 1 LM, (1x zun, 1 fM) 12x, KM (= 36 M)
Abb. 1

1

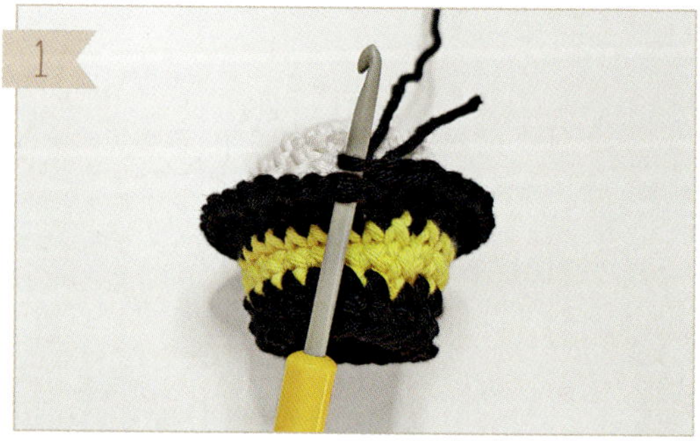

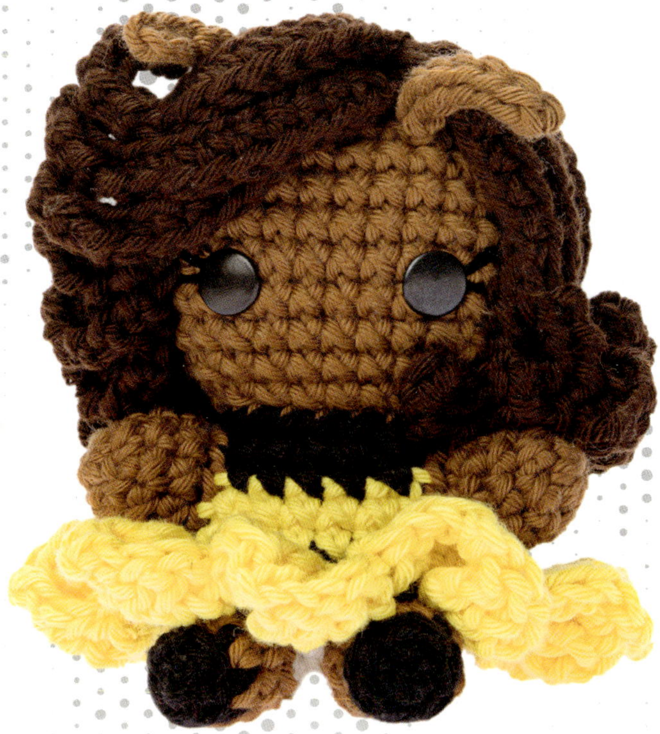

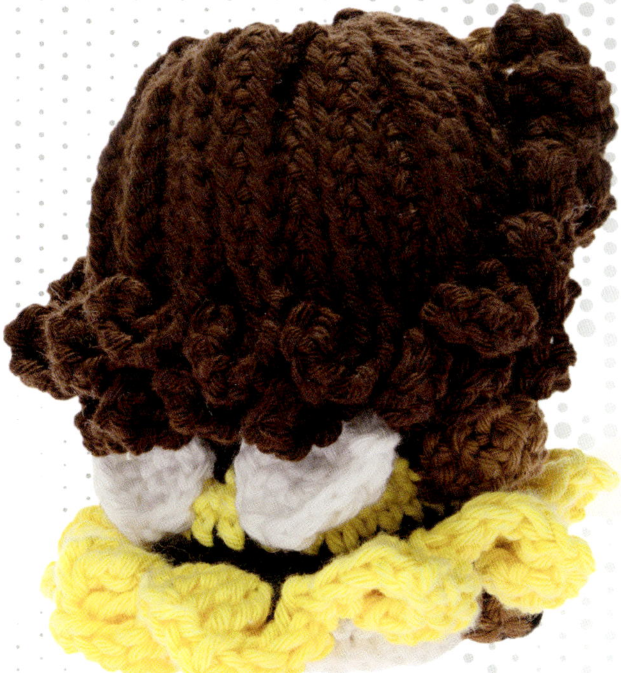

Zu Banane wechseln.
2. Rd: 1 LM, (1 M überspr, 4 DStb in vord Schlaufe der nächsten fM, 1 LM, 1 KM in vord Schlaufe des vorh DStb, 4 DStb in hint Schlaufe derselben fM, 1 M überspr, 1 KM) 9x
Faden abschneiden und vernähen Abb. 2 Abb. 3 Abb. 4.

2
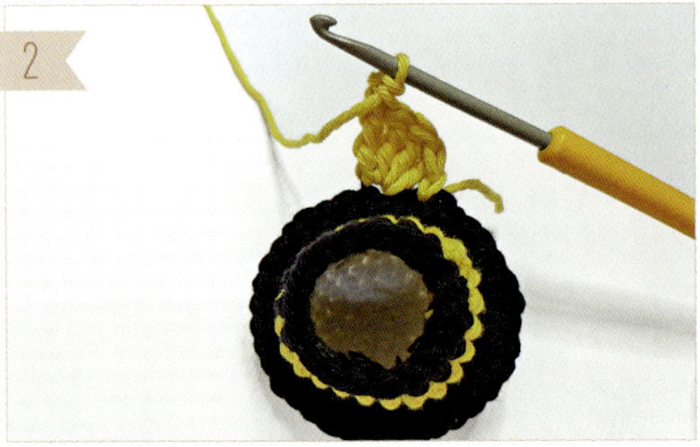

3
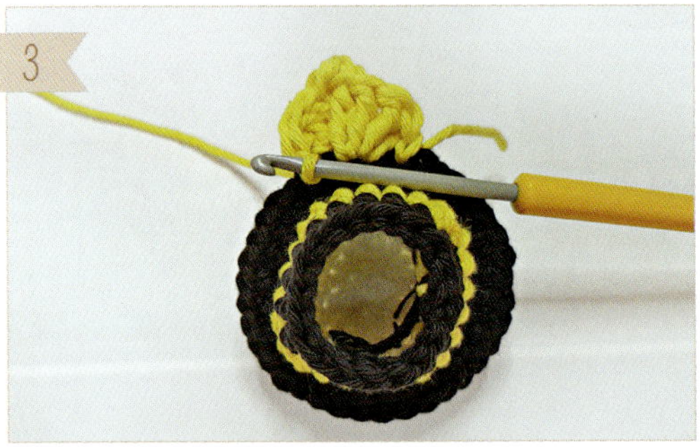

4
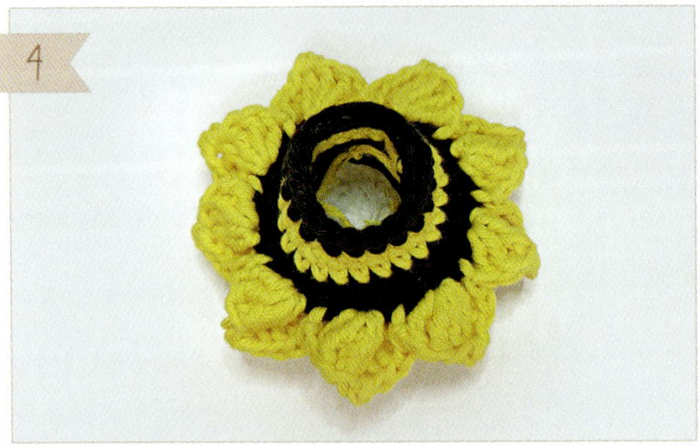

KOPF (in Zimt häkeln, vgl. BUTA S. 13, Abb. 4–6)

1. Rd: 6 fM in Fadenring, KM (= 6 M)
2. Rd: 1 LM, 6x zun, KM (= 12 M)
3. Rd: 1 LM, 2 fM, 3x zun, 4 fM, 2x zun, 1 fM, KM (= 17 M)
4. Rd: 1 LM, 2 fM, 1x zun, 3 fM, 1x zun, 4 fM, 1x zun, 3 fM, 1x zun, 1 fM, KM (= 21 M)
5. Rd: 1 LM, 2 fM, 1x zun, 3 fM, 1x zun, 6 fM, 1x zun, 3 fM, 1x zun, 3 fM, KM (= 25 M)
6. Rd: 1 LM, 2 fM, 1x zun, 3 fM, 1x zun, 8 fM, 1x zun, 3 fM, 1x zun, 5 fM, KM (= 29 M)
7.–10. Rd: 1 LM, 29 fM, KM (= 29 M)
11. Rd: 1 LM, 2 fM, 1x abn, 8 fM, 1x abn, 3 fM, 1x abn, 8 fM, 1x abn, KM (= 25 M)
Wimpern mit schwarzem Stickgarn wie ein schräges V über eine Länge von je 2 M aufsticken.
Augen zwischen der 9. und 10. Rd in einem Abstand von 6 M einsetzen.
Die Augen sollten jetzt auf dem gleichen Punkt liegen wie die Spitze des Wimpern-Vs.
12. Rd: 1 LM, 1 fM, 1x abn, 6 fM, 1x abn, 3 fM, 1x abn, 6 fM, 1x abn, 1 fM, KM (= 21 M)
13. Rd: 1 LM, 1x abn, 4 fM, 1x abn, 3 fM, 1x abn, 4 fM, 1x abn, 2 fM, KM (= 17 M)
Kopf mit Füllwatte stopfen.
14. Rd: 1 LM, 4 fM, 3x abn, 3 fM, 2x abn, KM (= 12 M)
15. Rd: 6x abn, KM (= 6 M)
Faden abschneiden und vernähen.

HAARE (in Braun häkeln, vgl. BUTA S. 13, Abb. 7–9)

1. Rd: 6 fM in Fadenring (= 6 M)
2. Rd: 6x zun, KM in vord Schlaufe (= 12 M)
Im Folgenden immer auf der Unterseite der LM zurückhäkeln:
3. Rd: in vord Schlaufen der 2. Rd (15 LM, 1 Wlm, [2 KM in 1 M] 5x, 10 fM, 1 KM) 12x
4. Rd: in hint Schlaufen der 2. Rd (15 LM, 1 Wlm, [2 KM in 1 M] 5x, 10 fM, 1 KM) 12x
Faden abschneiden und vernähen.

ARME (2x in Zimt häkeln)

1. Rd: 6 fM in Fadenring, KM (= 6 M)
2. Rd: 1 LM, (1x zun, 2 fM) 2x, KM (= 8 M)
3. und 4. Rd: 1 LM, 8 fM, KM (= 8 M)
Faden abschneiden und vernähen.

BEINE (2x)

Mit Schwarz beginnen.
1. Rd: 6 fM in Fadenring, KM (= 6 M)
Zu Zimt wechseln.
2. Rd: 1 LM, (1x zun, 2 fM) 2x, KM (= 8 M)
3. Rd: 1 LM, 8 fM, KM (= 8 M)
Faden abschneiden und vernähen.
1 Rd KM zwischen der 1. und 2. Rd in Schwarz häkeln.

FÜHLER (2x in Zimt häkeln)

6 LM, 2 Wlm anschl
1. R: auf der Unterseite zurückhäkeln 6 KM, LM
Faden abschneiden und aus der LM ziehen.

FLÜGEL (2x in Weiß häkeln)

1. Rd: 6 fM in Fadenring, KM (= 6 M)
2. Rd: 2x zun, (1 hStb, 1 Stb) in 1 M, 1 LM, 1 KM in vord Schlaufe des vorherigen Stb, (1 Stb, 1 hStb) in 1 M, 2x zun, KM
Faden abschneiden und vernähen Abb. 5.

5

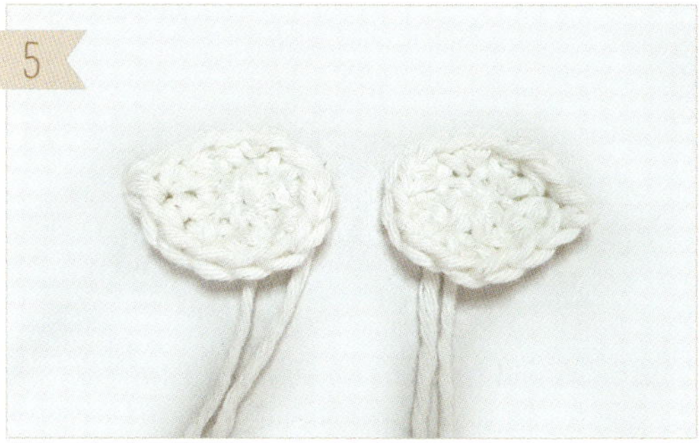

EINZELTEILE ZUSAMMENFÜGEN

1. Kleid zu etwa einem Drittel mit Styroporkügelchen füllen, dann mit Füllwatte stopfen und an den Kopf nähen (vgl. BUTA S. 15, Abb. 16).
2. Arme und Beine an den Körper nähen. Die Beine müssen dabei plan mit der Unterseite des Körpers abschließen (vgl. BUTA S. 15, Abb. 17).
3. Fühler am Kopf auf der 5. Rd in einem Abstand von 4 M anknoten.
4. Flügel annähen.
5. Haare annähen, zunächst oben am Kopf festnähen, dann mit Nähgarn die unteren Hinterkopf-Haarsträhnen, anschließend die oberen Hinterkopf-Haarsträhnen und zuletzt den Pony punktuell annähen (vgl. BUTA S. 15, Abb. 18 und 19).

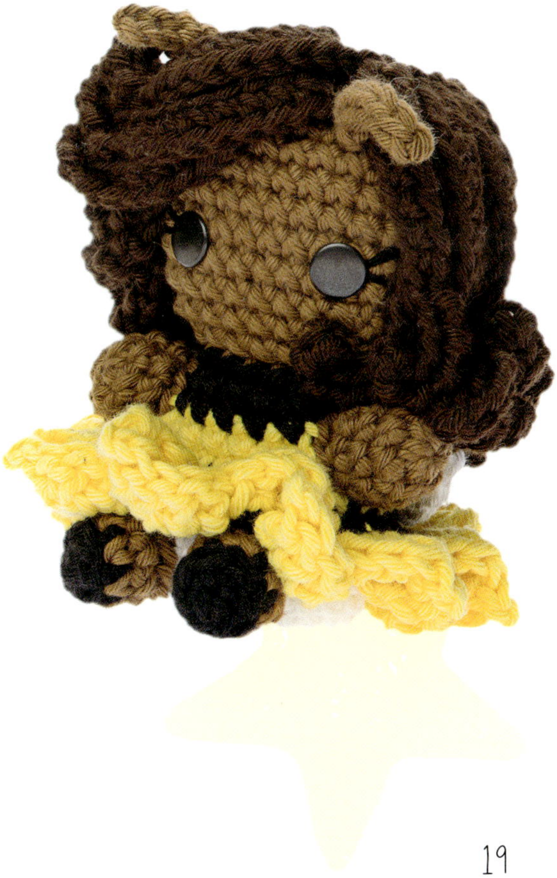

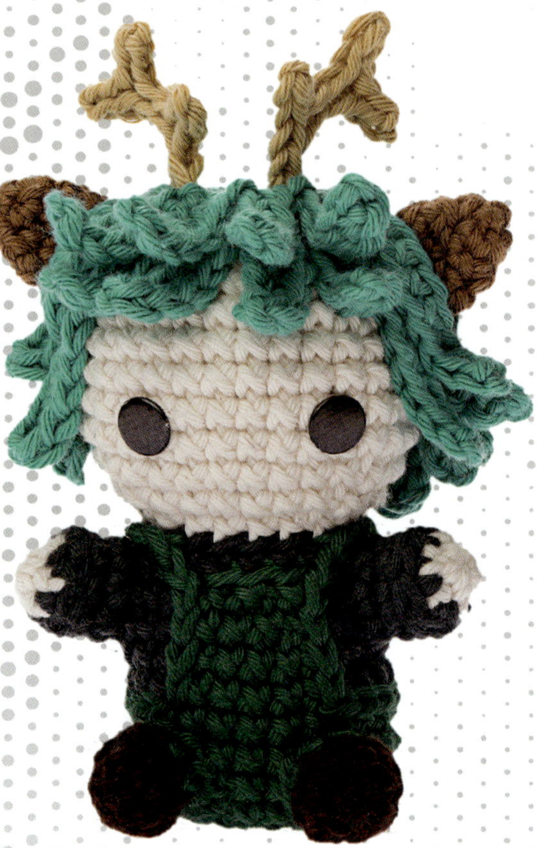

GRÖSSE:
CA. 12,5 CM

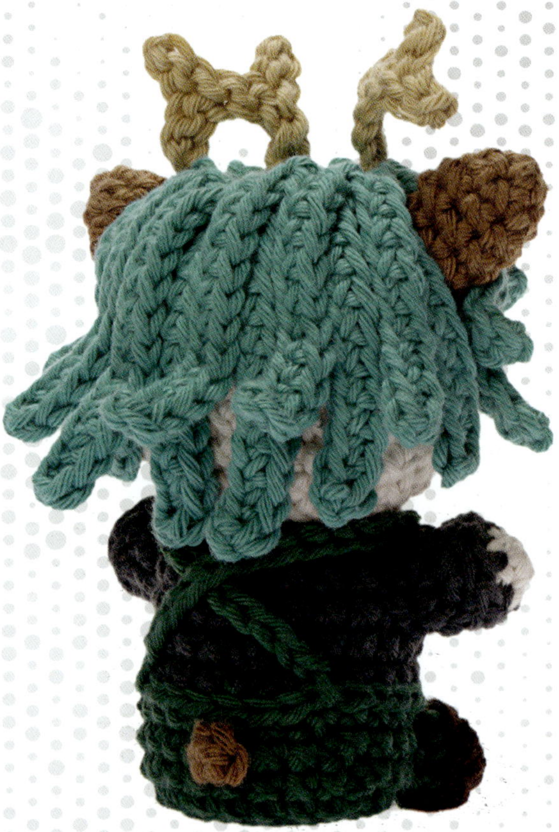

MATERIAL

- Wolle Rödel „Cotton Universal" (100 % Baumwolle, LL 85 m/50 g), in Natur (Fb. 31), Smaragd Hell (Fb. 43), Gras (Fb. 26), Anthrazit (Fb. 15), Zimt (Fb. 57), Sand (Fb. 32) und Braun (Fb. 29)
- Häkelnadel 3,5 mm
- Wollnadel zum Annähen
- 2 Hohlnieten, 9 mm, für die Augen
- Füllwatte
- Styroporkügelchen
- Nähgarn in Grün
- Nähnadel

AKASHIKA

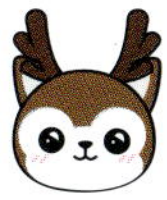

DER ROTHIRSCH BESITZT EINEN KLEINEN SCHREBERGARTEN MIT SELBSTGEBAUTER HOLZHÜTTE.

PULLOVER UND LATZHOSE

Mit Gras beginnen.
1. Rd: 1 LM, 6 fM in Fadenring, KM (6)
2. Rd: 1 LM, 6x zun, KM (12)
3. Rd: 1 LM, (2x zun, 1 fM) 4x, KM (20)
4. Rd: 1 LM, (1x zun, 4 fM) 4x, KM (24)
5.–7. Rd: 1 LM, 24 fM, KM (24)
Zu Anthrazit wechseln, dann Garnfarben wie angegeben wechseln:
8. Rd: 1 LM, 11 fM, in Gras 5 fM, in Anthrazit 8 fM, KM (= 24 M)
9. Rd: 1 LM, 10 fM, in Gras 5 fM, in Anthrazit 9 fM, KM (= 24 M)
10. Rd: 1 LM, 4 fM, 1x abn, 3 fM, in Gras 1 fM, 1x abn, 2 fM, in Anthrazit 2 fM, 1x abn, 4 fM, 1x abn, KM (= 20 M)
11. Rd: 1 LM, 7 fM, in Gras 1 fM, 1x abn, 1 fM, in Anthrazit 7 fM, 1x abn, KM (= 18 M)
12. Rd: 1 LM, 18 fM, KM (= 18 M)
Faden abschneiden und vernähen Abb. 1.
Zwischen der 7. und 8. Rd KM in Gras entlang des Hosenbundes (aber nicht über den Latz) häkeln Abb. 2.
Entlang des Latzes auf beiden Seiten in Gras jeweils 4 KM nach oben und 1 KM nach schräg außen, dann jeweils 14 LM arbeiten. Fäden abschneiden Abb. 3 Abb. 4 Abb. 5.

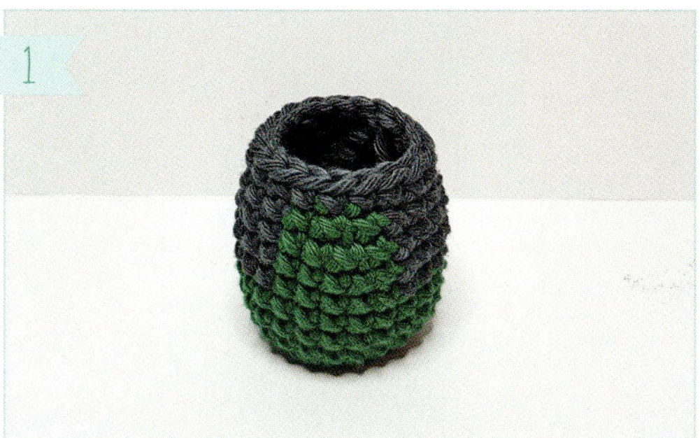

1

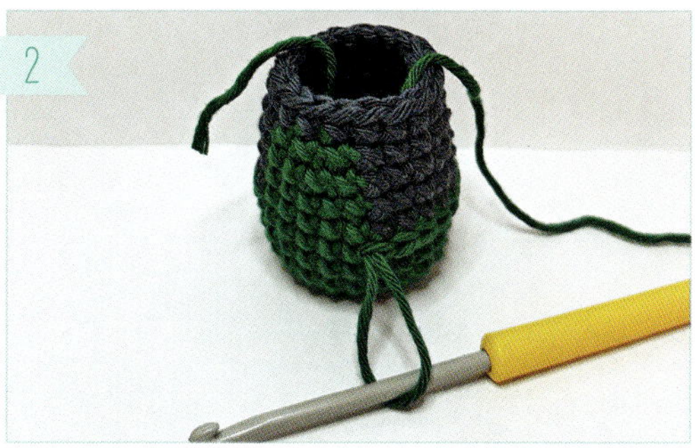

2

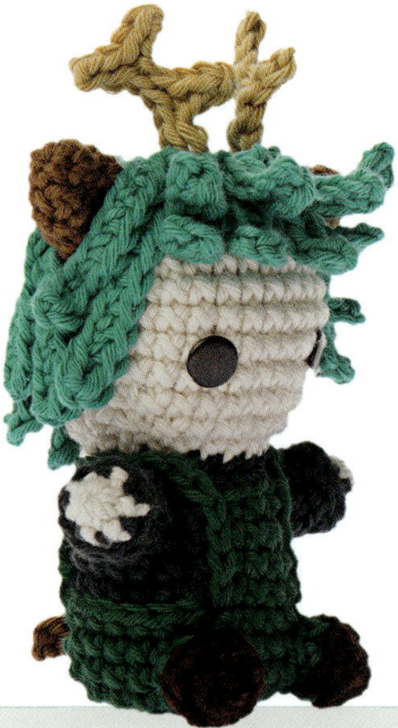

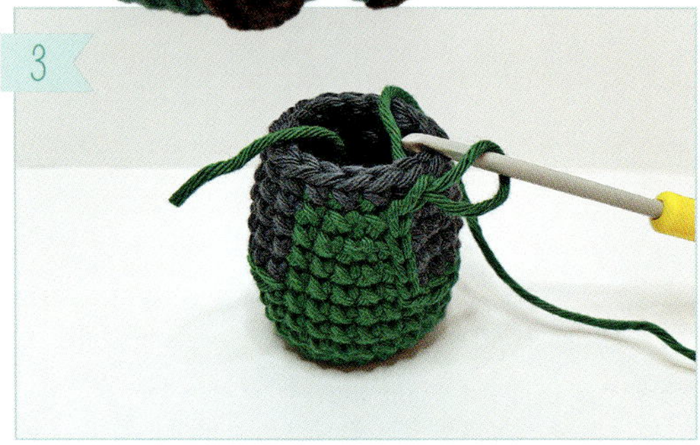

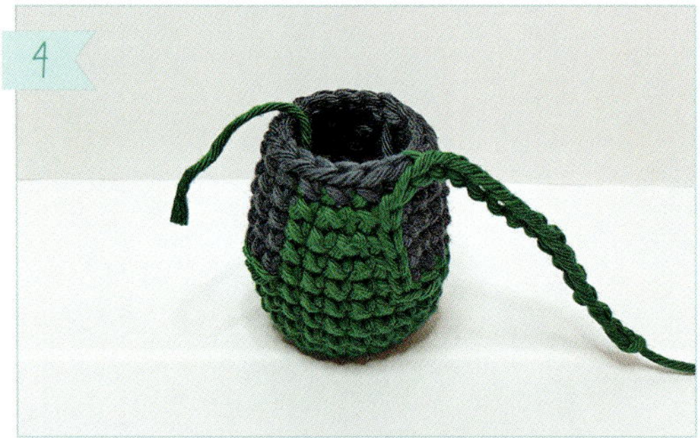

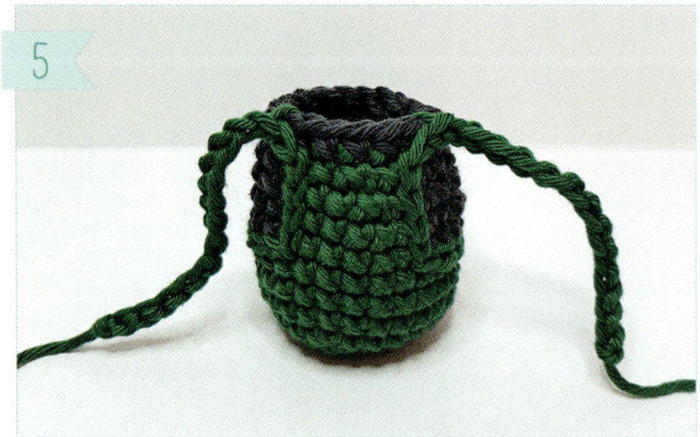

KOPF (in Natur häkeln, vgl. BUTA S. 13, Abb. 4–6)

1. Rd: 6 fM in Fadenring, KM (= 6 M)
2. Rd: 1 LM, 6x zun, KM (= 12 M)
3. Rd: 1 LM, 2 fM, 3x zun, 4 fM, 2x zun, 1 fM, KM (= 17 M)
4. Rd: 1 LM, 2 fM, 1x zun, 3 fM, 1x zun, 4 fM, 1x zun, 3 fM, 1x zun, 1 fM, KM (= 21 M)
5. Rd: 1 LM, 2 fM, 1x zun, 3 fM, 1x zun, 6 fM, 1x zun, 3 fM, 1x zun, 3 fM, KM (= 25 M)
6. Rd: 1 LM, 2 fM, 1x zun, 3 fM, 1x zun, 8 fM, 1x zun, 3 fM, 1x zun, 5 fM, KM (= 29 M)
7.–10. Rd: 1 LM, 29 fM, KM (= 29 M)
11. Rd: 1 LM, 2 fM, 1x abn, 8 fM, 1x abn, 3 fM, 1x abn, 8 fM, 1x abn, KM (= 25 M)
Augen zwischen der 9. und 10. Rd in einem Abstand von 6 M einsetzen.
12. Rd: 1 LM, 1 fM, 1x abn, 6 fM, 1x abn, 3 fM, 1x abn, 6 fM, 1x abn, 1 fM, KM (= 21 M)
13. Rd: 1 LM, 1x abn, 4 fM, 1x abn, 3 fM, 1x abn, 4 fM, 1x abn, 2 fM, KM (= 17 M)
Kopf mit Füllwatte stopfen.
14. Rd: 1 LM, 4 fM, 3x abn, 3 fM, 2x abn, KM (= 12 M)
15. Rd: 6x abn, KM (= 6 M)
Faden abschneiden und vernähen.

HAARE (in Smaragd Hell häkeln, vgl. BUTA S. 13, Abb. 7–9)

1. Rd: 6 fM in Fadenring (= 6 M)
2. Rd: 6x zun, KM in vord Schlaufe (= 12 M)
Im Folgenden immer auf der Unterseite der LM zurückhäkeln:
3. Rd: in vord Schlaufen der 2. Rd 12 LM, 1 Wlm, 12 fM, 1 KM, 11 LM, 1 Wlm, 11 fM, 1 KM, 10 LM, 1 Wlm, 10 fM, 1 KM, 9 LM, 1 Wlm, 9 fM, 1 KM, (6 LM, 1 Wlm, 6 fM, 1 KM) 4x, 9 LM, 1 Wlm, 9 fM, 1 KM, 10 LM, 1 Wlm, 10 fM, 1 KM, 11 LM, 1 Wlm, 11 fM, 1 KM, 12 LM, 1 Wlm, 12 fM, 1 KM
4. Rd: in hint Schlaufen der 2. Rd 12 LM, 1 Wlm, 12 fM, 1 KM, 11 LM, 1 Wlm, 11 fM, 1 KM, 10 LM, 1 Wlm, 10 fM, 1 KM, 9 LM,

1 Wlm, 9 fM, 1 KM, (6 LM, 1 Wlm, 6 fM, 1 KM) 4x, 9 LM, 1 Wlm, 9 fM, 1 KM, 10 LM, 1 Wlm, 10 fM, 1 KM, 11 LM, 1 Wlm, 11 fM, 1 KM, 12 LM, 1 Wlm, 12 fM, 1 KM
Faden abschneiden und vernähen.

ARME (2x)

Mit Natur beginnen.
1. Rd: 6 fM in Fadenring, KM (= 6 M)
Zu Anthrazit wechseln.
2. Rd: 1 LM, (1x zun, 2 fM) 2x, KM (= 8 M)
3. und 4. Rd: 1 LM, 8 fM, KM (= 8 M)
Faden abschneiden und vernähen.
1 Rd KM zwischen der 2. und 3. Rd in Anthrazit häkeln.

BEINE (2x)

Mit Braun beginnen.
1. Rd: 6 fM in Fadenring, KM (= 6 M)
2. Rd: 1 LM, (1x zun, 2 fM) 2x, KM (= 8 M)
Zu Gras wechseln.
3. Rd: in hint Schlaufen 1 LM, 8 fM, KM (= 8 M)
Faden abschneiden und vernähen.

OHREN (2x in Zimt häkeln, vgl. USHI S. 56, Abb. 8)

1. Rd: 4 fM in Fadenring (= 4 M)
2. Rd: (1x zun, 1 fM) 2x (= 6 M)
3. Rd: (1x zun, 2 fM) 2x (= 8 M)
4. Rd: 8 fM (= 8 M)
5. Rd: 8 fM, KM (= 8 M)
Faden abschneiden und vernähen.

SCHWANZ (in Zimt häkeln)

2 LM, 1 Wlm anschl
1. R: auf der Unterseite zurückhäkeln 2 KM, 1 LM
Faden abschneiden und aus der LM ziehen.

GEWEIH (in Sand häkeln)

Im Folgenden immer auf der Unterseite der LM zurückhäkeln:

6

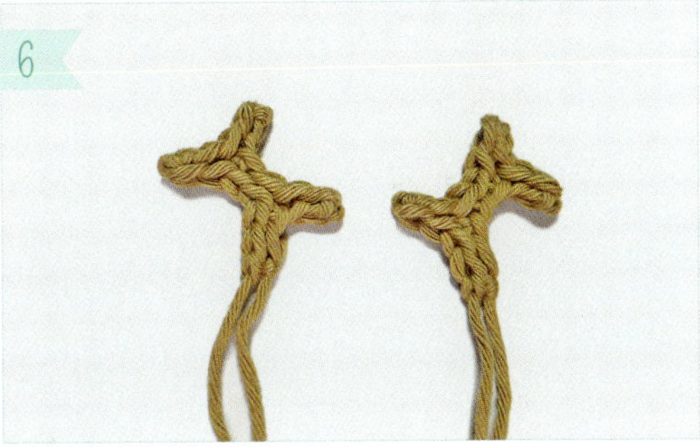

erste Geweihhälfte
4 LM, 1 Wlm anschl
1. R: 2 KM, 4 LM, 1 Wlm, wenden, 2 KM, 2 LM, 1 Wlm, wenden, 6 KM, LM
Faden abschneiden und aus der LM ziehen.
zweite Geweihhälfte
6 LM, 1 Wlm anschl
1. R: 2 KM, 2 LM, 1 Wlm, wenden, 4 KM, 2 LM, 1 Wlm, wenden, 4 KM, LM
Faden abschneiden und aus der LM ziehen Abb. 6 .

EINZELTEILE ZUSAMMENFÜGEN

1. Pullover und Latzhose zu etwa einem Drittel mit Styroporkügelchen füllen, dann mit Füllwatte stopfen und an den Kopf nähen (vgl. BUTA S. 15, Abb. 16).
2. Arme und Beine an den Körper nähen. Die Beine müssen dabei plan mit der Unterseite des Körpers abschließen (vgl. BUTA S. 15, Abb. 17).
3. Die beiden LM-Stränge der Latzhose auf dem Rücken überkreuzen und zwischen der 7. und 8. Rd anknoten.
4. Schwanz anknoten.
5. Ohren annähen.
6. Haare zunächst oben am Kopf festnähen, dann mit Nähgarn die unteren 12 Haarsträhnen, anschließend die oberen 12 Haarsträhnen punktuell annähen (vgl. BUTA S. 15, Abb. 18 und 19).
7. Geweih anknoten.

NEKO

DIE KÄTZIN IST DIE ANFÜHRERIN DER AMIGURUMI-TRUPPE UND HEIMLICH IN OKAMI VERKNALLT.

MATERIAL

- Kurtenbach „Twister Curly 8 uni" (100 % Baumwolle, LL 85 m/50 g), in Rot (Fb. 35)
- Wolle Rödel „Cotton Universal" (100 % Baumwolle, LL 85 m/50 g), in Sand (Fb. 32), Weiß (Fb. 38), Dunkelblau (Fb. 52), Kürbis (Fb. 37), Natur (Fb. 31) und Schwarz (Fb. 39)
- Häkelnadel 3,5 mm
- Stickgarn in Schwarz
- Sticknadel
- Wollnadel zum Vernähen
- 2 Hohlnieten, 9 mm, für die Augen
- Füllwatte
- Styroporkügelchen
- Nähgarn in Orange
- Nähnadel

BLUSE UND ROCK

(vgl. BUTA S. 11 und 12, Abb. 1–3)

Mit Weiß beginnen.

1. Rd: 1 LM, 6 fM in Fadenring, KM (= 6 M)
2. Rd: 1 LM, 6x zun, KM (= 12 M)
3. Rd: 1 LM, (2x zun, 1 fM) 4x, KM (= 20 M)
4. Rd: 1 LM, (1x zun, 4 fM) 4x, KM (= 24 M)
5.–7. Rd: 1 LM, 24 fM, KM (= 24 M)
8. Rd: in hint Schlaufen 1 LM, 24 fM, KM (= 24 M)
9. Rd: 1 LM, 24 fM, KM (= 24 M)
10. Rd: 1 LM, (4 fM, 1x abn) 4x, KM (= 20 M)
11. Rd: 1 LM, (8 fM, 1x abn) 2x, KM (= 18 M)
12. Rd: 1 LM, 18 fM, KM (= 18 M)

Faden abschneiden und vernähen.

In vord Schlaufen der 8. Rd in Dunkelblau wie folgt häkeln:

1. Rd: 1 LM, (1x zun, 2 fM) 8x, KM (= 32 M)
2. Rd: 2 LM, 32 Stb, KM (= 32 M)

Faden abschneiden und vernähen.

In vord Schlaufen der 8. Rd ebenfalls 1 Rd KM in Dunkelblau.

KOPF (in Sand häkeln,

vgl. BUTA S. 13, Abb. 4–6)

1. Rd: 6 fM in Fadenring, KM (= 6 M)
2. Rd: 1 LM, 6x zun, KM (= 12 M)
3. Rd: 1 LM, 2 fM, 3x zun, 4 fM, 2x zun, 1 fM, KM (= 17 M)
4. Rd: 1 LM, 2 fM, 1x zun, 3 fM, 1x zun, 4 fM, 1x zun, 3 fM, 1x zun, 1 fM, KM (= 21 M)
5. Rd: 1 LM, 2 fM, 1x zun, 3 fM, 1x zun, 6 fM, 1x zun, 3 fM, 1x zun, 3 fM, KM (= 25 M)
6. Rd: 1 LM, 2 fM, 1x zun, 3 fM, 1x zun, 8 fM, 1x zun, 3 fM, 1x zun, 5 fM, KM (= 29 M)
7.–10. Rd: 1 LM, 29 fM, KM (= 29 M)
11. Rd: 1 LM, 2 fM, 1x abn, 8 fM, 1x abn, 3 fM, 1x abn, 8 fM, 1x abn, KM (= 25 M)

Wimpern mit schwarzem Stickgarn wie ein schräges V über eine Länge von je 2 M aufsticken.

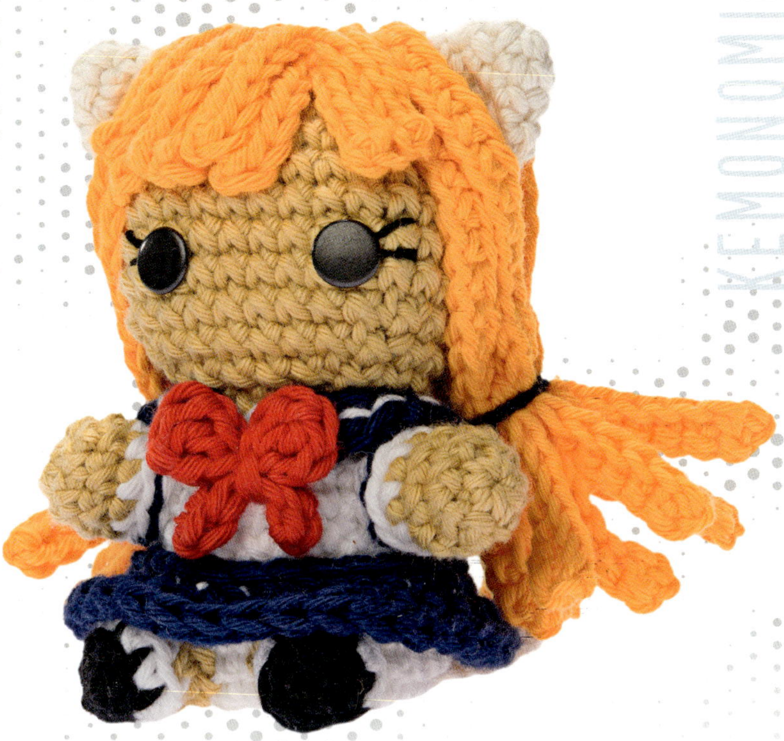

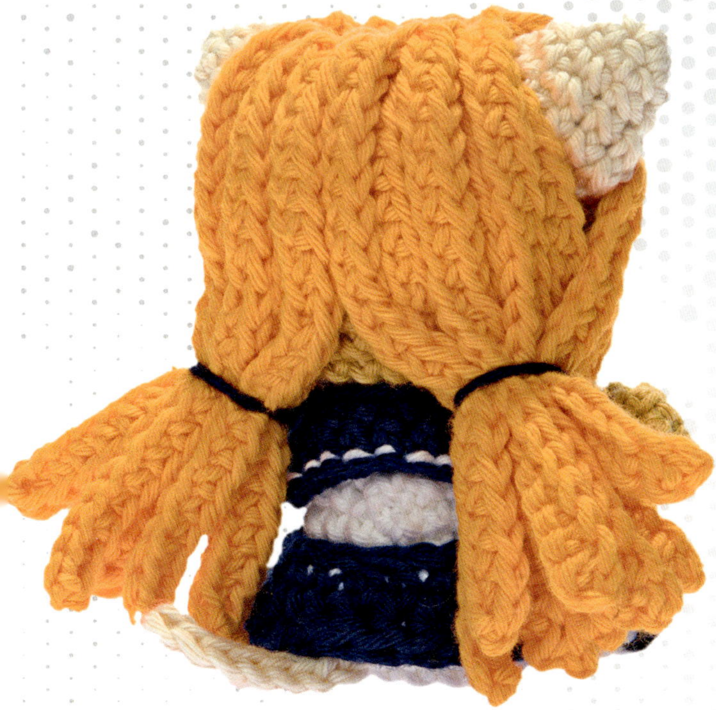

GRÖSSE:
CA. 10 CM

Augen zwischen der 9. und 10. Rd in einem Abstand von 6 M einsetzen.
Die Augen sollten jetzt auf dem gleichen Punkt liegen wie die Spitze des Wimpern-Vs.
12. Rd: 1 LM, 1 fM, 1x abn, 6 fM, 1x abn, 3 fM, 1x abn, 6 fM, 1x abn, 1 fM, KM (= 21 M)
13. Rd: 1 LM, 1x abn, 4 fM, 1x abn, 3 fM, 1x abn, 4 fM, 1x abn, 2 fM, KM (= 17 M)
Kopf mit Füllwatte stopfen.
14. Rd: 1 LM, 4 fM, 3x abn, 3 fM, 2x abn, KM (= 12 M)
15. Rd: 6x abn, KM (= 6 M)
Faden abschneiden und vernähen.

1

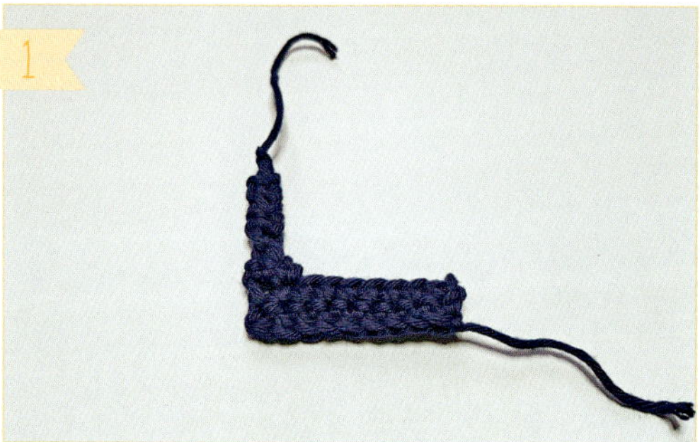

2

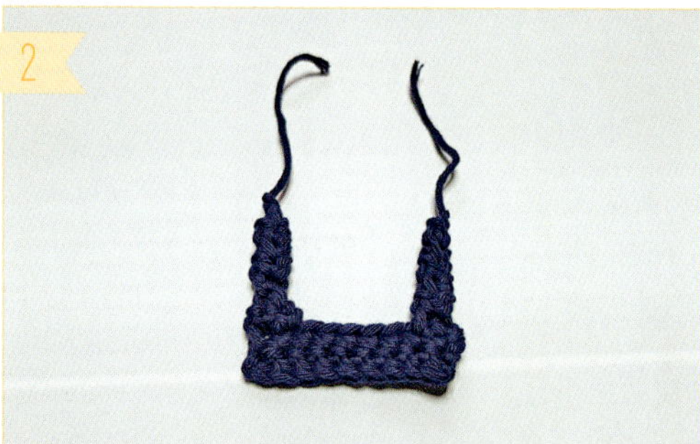

3

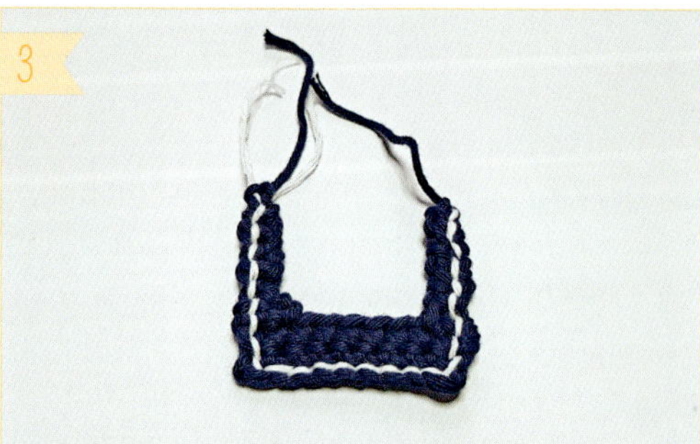

HAARE (in Kürbis häkeln, vgl. BUTA S. 13, Abb. 7–9)

1. Rd: 6 fM in Fadenring (= 6 M)
2. Rd: 6x zun, KM in vord Schlaufe (= 12 M)
Im Folgenden immer auf der Unterseite der LM zurückhäkeln:
3. Rd: in vord Schlaufen der 2. Rd (20 LM, 1 Wlm, 20 fM, 1 KM) 4x, (6 LM, 1 Wlm, 7 KM) 4x, (20 LM, 1 Wlm, 20 fM, 1 KM) 4x
4. Rd: in hint Schlaufen der 2. Rd (20 LM, 1 Wlm, 20 fM, 1 KM) 4x, (6 LM, 1 Wlm, 7 KM) 4x, (20 LM, 1 Wlm, 20 fM, 1 KM) 4x
Faden abschneiden und vernähen.

KRAGEN (in Dunkelblau häkeln)

9 LM, 1 Wlm anschl
1. R: auf der Unterseite zurückhäkeln 9 fM, 1 Wlm
2. R: 9 fM, 1 Wlm
3. R: 2 fM, 1 Wlm
4. R: 1x abn, 1 Wlm
5. R: 1 fM, 1 Wlm
6. R: 1 fM, 1 Wlm
7. R: 1 fM, 1 Wlm
8. R: 1 fM, 1 Wlm, LM Abb. 1
3.–8. R auf der anderen Seite des Kragens gegengleich häkeln.
Faden abschneiden und aus der LM ziehen Abb. 2 .
Einen ca. 40 cm langen Faden in Weiß halbieren, sodass zwei 4-fädige Fadenstränge entstehen. Mit einem der Fadenstränge eine Linie den äußeren Kragenrand entlang sticken Abb. 3 .

SCHLEIFE (in Rot häkeln)

Im Folgenden immer auf der Unterseite der LM zurückhäkeln:
Bänder: 2 LM, 1 Wlm anschl, 2 KM, 2 LM, 1 Wlm, wenden, 2 KM, LM
Faden abschneiden und aus der LM ziehen Abb. 4 .
(3 LM, 1 Stb in die 1. LM, 2 LM, 1 KM in dies

4

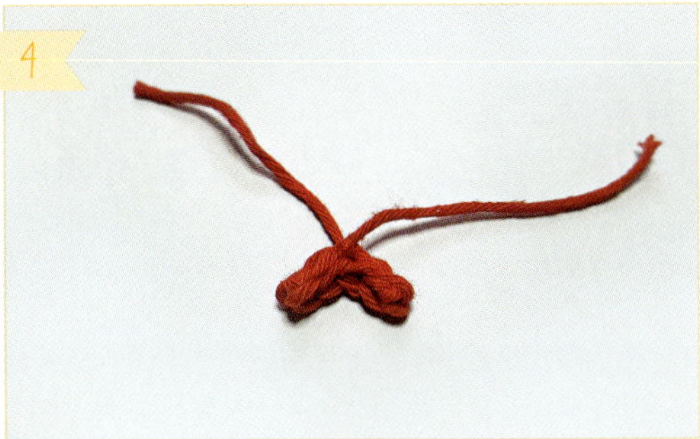

5

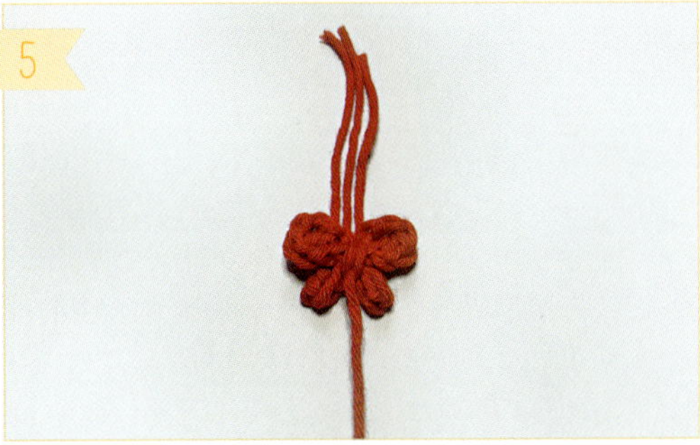

1. LM) 2x, LM um die Mitte der Bänder. Faden abschneiden und aus der LM ziehen Abb. 5.

ARME (2x)

Mit Sand beginnen.
1. Rd: 6 fM in Fadenring, KM (= 6 M)
2. Rd: 1 LM, (1x zun, 2 fM) 2x, KM (= 8 M)
3. Rd: 1 LM, 8 fM, KM (= 8 M)
Zu Weiß wechseln.
4. Rd: 1 LM, 8 fM, KM (= 8 M)
5. Rd: 8 KM (= 8 M)
Faden abschneiden und vernähen.
Einen ca. 20 cm langen Faden in Dunkelblau halbieren, sodass zwei 4-fädige Fadenstränge entstehen. Mit je einem Fadenstrang pro Arm eine Linie in die 5. Rd sticken.

BEINE (2x)

Mit Schwarz beginnen.
1. Rd: 6 fM in Fadenring, KM (= 6 M)
Zu Weiß wechseln.
2. Rd: 1 LM, (1x zun, 2 fM) 2x, KM (= 8 M)
Zu Sand wechseln.
3. Rd: in hint Schlaufen 1 LM, 8 fM, KM (= 8 M)
Faden abschneiden und vernähen.
1 Rd KM zwischen der 1. und 2. Rd in Schwarz häkeln.

OHREN (2x in Natur häkeln, vgl. BUTA S. 14, Abb. 13 und 14)

1. Rd: 4 fM in Fadenring (= 4 M)
2. Rd: (1x zun, 1 fM) 2x (= 6 M)
3. Rd: (1x zun, 2 fM) 2x (= 8 M)
4. Rd: (2x zun, 2 fM) 2x (= 12 M)
5. Rd: (1x zun, 2 fM) 4x, KM (= 16 M)
Faden etwas länger abschneiden.
Ohr halbieren, sodass sich die hint Schlaufen gegenüberliegen, und mit Fadenrest die hint Schlaufen zusammennähen.

SCHWANZ (in Natur häkeln)

9 LM, 1 Wlm anschl
1. R: auf der Unterseite zurückhäkeln 9 KM, LM
Faden abschneiden und aus der LM ziehen.

EINZELTEILE ZUSAMMENFÜGEN

1. Bluse und Rock zu etwa einem Drittel mit Styroporkügelchen füllen, dann mit Füllwatte stopfen und an den Kopf nähen (vgl. BUTA S. 15, Abb. 16).
2. Arme und Beine an den Körper nähen. Die Beine müssen dabei plan mit der Unterseite des Körpers abschließen (vgl. BUTA S. 15, Abb. 17).
3. Kragen und Schleife anknoten.
4. Schwanz anknoten.
5. Ohren annähen.
6. Haare zunächst oben am Kopf festnähen, dann mit Nähgarn die unteren 12 Haarsträhnen, anschließend die oberen 12 Haarsträhnen punktuell annähen (vgl. BUTA S. 15, Abb. 18 und 19). Einen dunkelblauen Wollfaden halbieren und damit 2 Zöpfe binden.

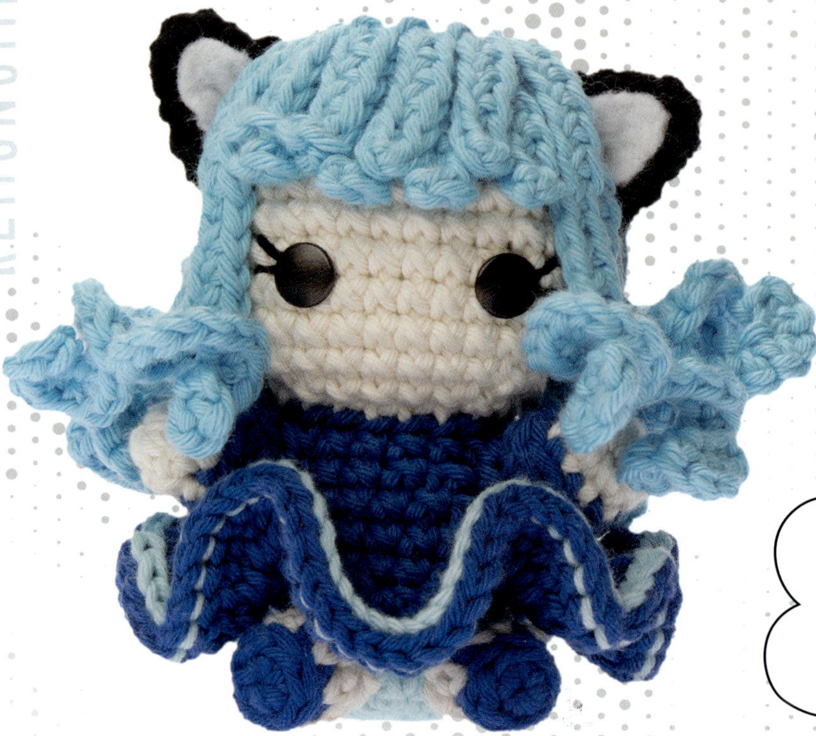

GRÖSSE:
CA. 11 CM

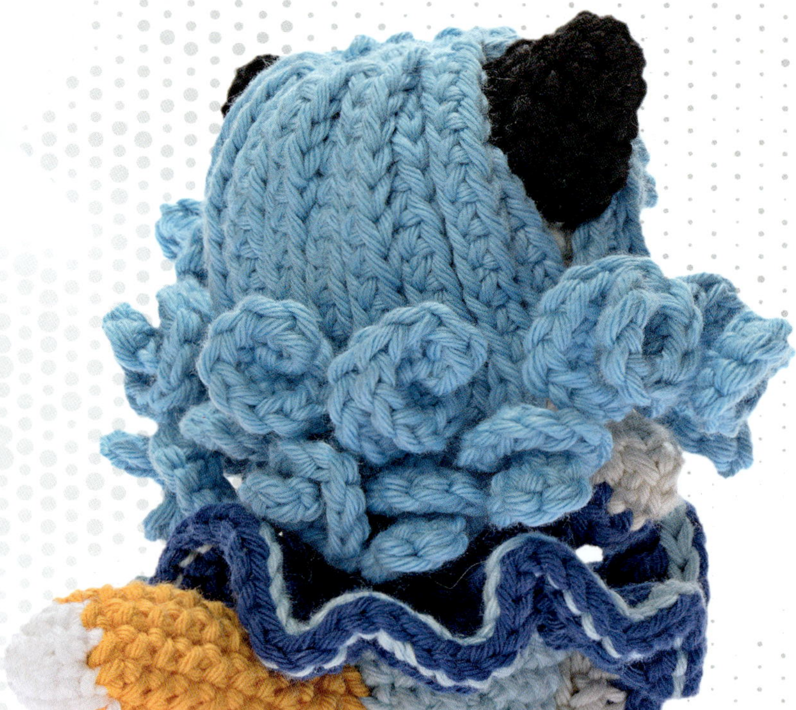

KITSUNE

DIE FUCHSFÄHE SAMMELT IN IHRER FREIZEIT AMIGURUMI-PÜPPCHEN UND SPIELT MIT IHNEN KAFFEEKRÄNZCHEN.

MATERIAL

- Kurtenbach „Twister Curly 8 uni" (100 % Baumwolle, LL 85 m/50 g) in Helltürkis (Fb. 61)
- Wolle Rödel „Cotton Universal" (100 % Baumwolle, LL 85 m/50 g) in Natur (Fb. 31), Schwarz (Fb. 39), Weiß (Fb. 38), Royal (Fb. 24) und Kürbis (Fb. 37)
- Rico Design „Creative cotton aran" (100 % Baumwolle, LL 85 m/50 g) in Himmelblau (Fb. 37)
- Häkelnadel 3,5 mm
- Stickgarn in Schwarz
- Sticknadel
- Wollnadel zum Vernähen
- 2 Hohlnieten, 9 mm, für die Augen
- Füllwatte
- Styroporkügelchen
- Nähgarn in Türkis
- Nähnadel
- Filzrest, 1 mm dick, in Weiß
- Textilkleber

KLEID (vgl. BUTA S. 11 und 12, Abb. 1–3)

Mit Helltürkis beginnen.
1. Rd: 1 LM, 6 fM in Fadenring, KM (= 6 M)
2. Rd: 1 LM, 6x zun, KM (= 12 M)
3. Rd: 1 LM, (2x zun, 1 fM) 4x, KM (= 20 M)
4. Rd: 1 LM, (1x zun, 4 fM) 4x, KM (= 24 M)
5. und 6. Rd: 1 LM, 24 fM, KM (= 24 M)
Zu Royal wechseln.
7. Rd: 1 LM, 24 fM, KM (= 24 M)
8. Rd: in hint Schlaufen 1 LM, 24 fM, KM (= 24 M)
9. Rd: 1 LM, 24 fM, KM (= 24 M)
10. Rd: 1 LM, (4 fM, 1x abn) 4x, KM (= 20 M)
11. Rd: 1 LM, (8 fM, 1x abn) 2x, KM (= 18 M)
12. Rd: 1 LM, 18 fM, KM (= 18 M)
Faden abschneiden und vernähen.
In vord Schlaufen der 8. Rd in Royal häkeln:
1. Rd: 1 LM, 24x zun, KM (= 48 M)
2. Rd: 1 LM, (2 Stb in 1 M) 48x, KM (= 96 M)
Zu Helltürkis wechseln.
3. Rd: 96 KM (= 96 M)
Faden abschneiden und vernähen.

KOPF (in Natur häkeln, vgl. BUTA S. 13, Abb. 4–6)

1. Rd: 6 fM in Fadenring, KM (= 6 M)
2. Rd: 1 LM, 6x zun, KM (= 12 M)
3. Rd: 1 LM, 2 fM, 3x zun, 4 fM, 2x zun, 1 fM, KM (= 17 M)
4. Rd: 1 LM, 2 fM, 1x zun, 3 fM, 1x zun, 4 fM, 1x zun, 3 fM, 1x zun, 1 fM, KM (= 21 M)

5. Rd: 1 LM, 2 fM, 1x zun, 3 fM, 1x zun, 6 fM, 1x zun, 3 fM, 1x zun, 3 fM, KM (= 25 M)
6. Rd: 1 LM, 2 fM, 1x zun, 3 fM, 1x zun, 8 fM, 1x zun, 3 fM, 1x zun, 5 fM, KM (= 29 M)
7.–10. Rd: 1 LM, 29 fM, KM (= 29 M)
11. Rd: 1 LM, 2 fM, 1x abn, 8 fM, 1x abn, 3 fM, 1x abn, 8 fM, 1x abn, KM (= 25 M)
Wimpern mit schwarzem Stickgarn wie ein schräges V über eine Länge von je 2 M aufsticken.
Augen zwischen der 9. und 10. Rd in einem Abstand von 6 M einsetzen.
Die Augen sollten jetzt auf dem gleichen Punkt liegen wie die Spitze des Wimpern-Vs.
12. Rd: 1 LM, 1 fM, 1x abn, 6 fM, 1x abn, 3 fM, 1x abn, 6 fM, 1x abn, 1 fM, KM (= 21 M)
13. Rd: 1 LM, 1x abn, 4 fM, 1x abn, 3 fM, 1x abn, 4 fM, 1x abn, 2 fM, KM (= 17 M)
Kopf mit Füllwatte stopfen.
14. Rd: 1 LM, 4 fM, 3x abn, 3 fM, 2x abn, KM (= 12 M)
15. Rd: 6x abn, KM (= 6 M)
Faden abschneiden und vernähen.

HAARE (in Himmelblau häkeln, vgl. BUTA S. 13, Abb. 7–9)

1. Rd: 6 fM in Fadenring (= 6 M)
2. Rd: 6x zun, KM in vord Schlaufe (= 12 M)
Im Folgenden immer auf der Unterseite der LM zurückhäkeln:
3. Rd: in vord Schlaufen der 2. Rd (20 LM, 1 Wlm, 10x zun, 10 fM, 1 KM) 4x, (6 LM, 1 Wlm, 6 fM, 1 KM) 4x, (20 LM, 1 Wlm, 10x zun, 10 fM, 1 KM) 4x
4. Rd: in hint Schlaufen der 2. Rd (20 LM, 1 Wlm, 10x zun, 10 fM, 1 KM) 4x, (6 LM, 1 Wlm, 6 fM, 1 KM) 4x, (20 LM, 1 Wlm, 10x zun, 10 fM, 1 KM) 4x
Faden abschneiden und vernähen.

ARME (2x)

Mit Natur beginnen.
1. Rd: 6 fM in Fadenring, KM (= 6 M)
2. Rd: 1 LM, (1x zun, 2 fM) 2x, KM (= 8 M)
Zu Royal wechseln.
3. und 4. Rd: 1 LM, 8 fM, KM (= 8 M)
Faden abschneiden und vernähen.
1 Rd KM zwischen der 3. und 4. Rd in Royal häkeln.

BEINE (2x)

Mit Royal beginnen.
1. Rd: 6 fM in Fadenring, KM (= 6 M)
Zu Natur wechseln.
2. Rd: 1 LM, (1x zun, 2 fM) 2x, KM (= 8 M)
3. Rd: 1 LM, 8 fM, KM (= 8 M)
Faden abschneiden und vernähen.
1 Rd KM zwischen der 1. und 2. Rd in Royal häkeln.

OHREN (2x in Schwarz häkeln, vgl. BUTA S. 14, Abb. 13 und 14)

1. Rd: 4 fM in Fadenring (= 4 M)
2. Rd: (1x zun, 1 fM) 2x (= 6 M)
3. Rd: (1x zun, 2 fM) 2x (= 8 M)
4. Rd: (2x zun, 2 fM) 2x (= 12 M)
5. Rd: (1x zun, 2 fM) 4x, KM (= 16 M)
Faden etwas länger abschneiden.
Ohr halbieren, sodass sich die hint Schlaufen gegenüberliegen, und mit Fadenrest die hint Schlaufen zusammennähen.

SCHWANZ

Mit Weiß beginnen.
1. Rd: 4 fM in Fadenring (= 4 M)
2. Rd: (1x zun, 1 fM) 2x (= 6 M)
3. Rd: (1x zun, 2 fM) 2x (= 8 M)
Zu Kürbis wechseln.
4. Rd: (1x zun, 1fM) 4x (= 12 M)
5.–8. Rd: 12 fM (= 12 M)
9. Rd: (4 fM, 1x abn) 2x (= 10 M)
10. Rd: 10 fM (= 10 M)

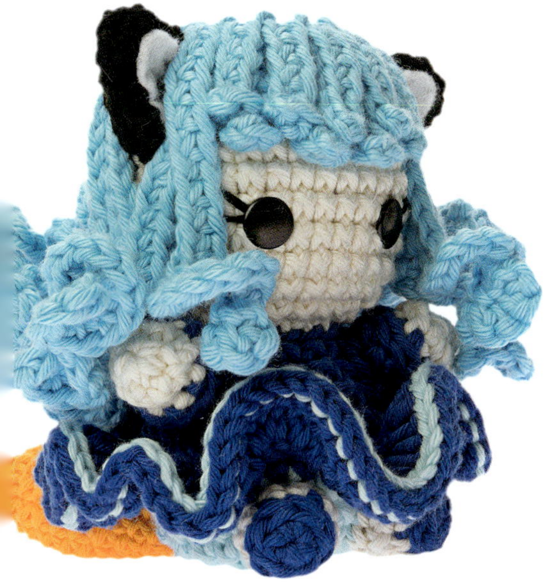

11. Rd: (3 fM, 1x abn) 2x (= 8 M)
12. Rd: 8 fM (= 8 M)
13. Rd: 8 fM, KM (= 8 M)
Faden abschneiden und vernähen Abb. 1.

EINZELTEILE ZUSAMMENFÜGEN

1. Kleid zu etwa einem Drittel mit Styroporkügelchen füllen, dann mit Füllwatte stopfen und an den Kopf nähen (vgl. BUTA S. 15, Abb. 16).
2. Arme und Beine an den Körper nähen. Die Beine müssen dabei plan mit der Unterseite des Körpers abschließen (vgl. BUTA S. 15, Abb. 17).
3. Schwanz mit Füllwatte stopfen Abb. 2 und annähen. Darauf achten, dass er wie die Beine plan mit der Unterseite des Körpers abschließt.
4. Innenohr aus weißem Filz ausschneiden und in die Ohren kleben Abb. 3 Abb. 4.
5. Ohren annähen.
6. Haare zunächst oben am Kopf festnähen, dann mit Nähgarn die unteren 12 Haarsträhnen, dann die oberen 12 Haarsträhnen punktuell annähen (vgl. BUTA S. 15, Abb. 18 und 19).

1
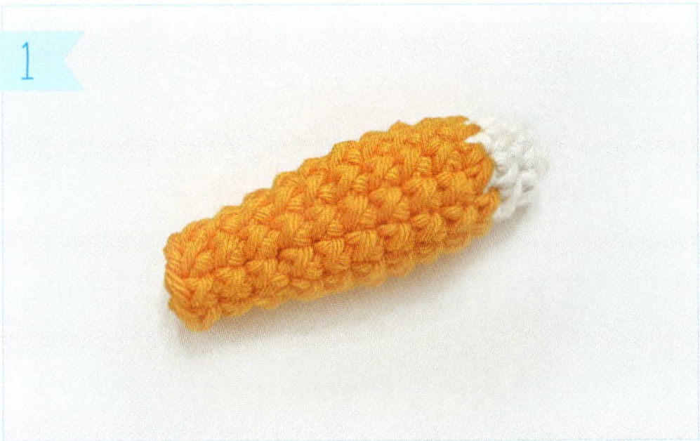

3
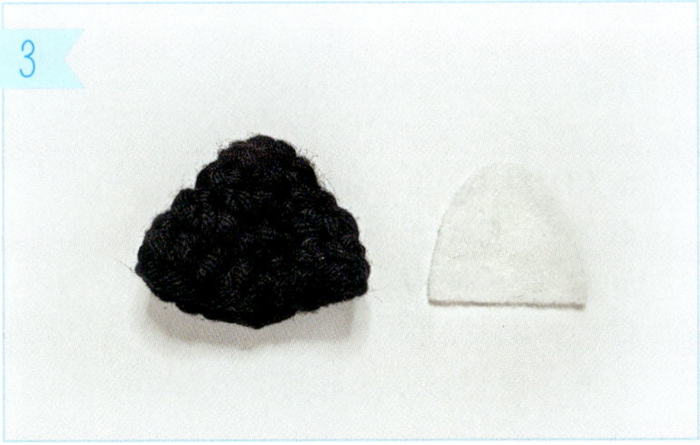

2
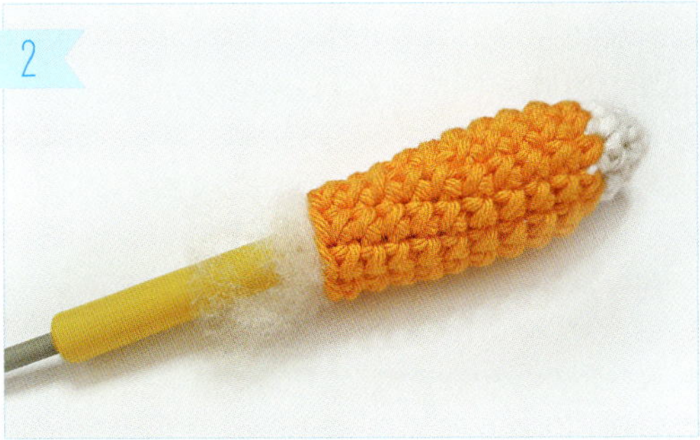

4
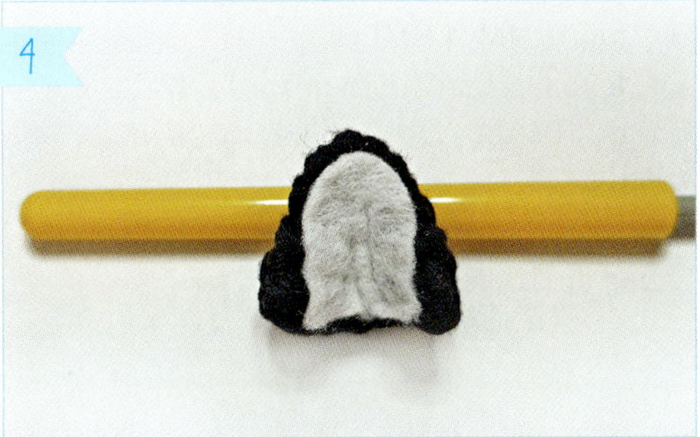

TENTŌMUSHI

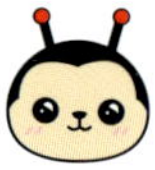

DIE MARIENKÄFERIN IST EINE LEIDENSCHATLICHE FLAMENCO-TÄNZERIN MIT FAIBLE FÜR SAILOR-MOON.

MATERIAL

- Kurtenbach „Twister Curly 8 uni" (100 % Baumwolle, LL 85 m/50 g) in Rot (Fb. 35)
- Wolle Rödel „Cotton Universal" (100 % Baumwolle, LL 85 m/50 g) in Braun (Fb. 29), Gras (Fb. 26), Kürbis (Fb. 37), Schwarz (Fb. 39) und Weiß (Fb. 38)
- Häkelnadel 3,5 mm
- Stickgarn in Schwarz
- Sticknadel
- Wollnadel zum Vernähen
- 2 Hohlnieten, 9 mm, für die Augen
- Füllwatte
- Styroporkügelchen

KLEID (vgl. BUTA S. 11 und 12, Abb. 1–3)

Mit Kürbis beginnen.
1. Rd: 1 LM, 6 fM in Fadenring, KM (= 6 M)
2. Rd: 1 LM, 6x zun, KM (= 12 M)
3. Rd: 1 LM, (2x zun, 1 fM) 4x, KM (= 20 M)
4. Rd: 1 LM, (1x zun, 4 fM) 4x, KM (= 24 M)
5. und 6. Rd: 1 LM, 24 fM, KM (= 24 M)
Zu Rot wechseln.
7. Rd: 1 LM, 24 fM, KM (= 24 M)
8. Rd: in hint Schlaufen 1 LM, 24 fM, KM (= 24 M)
9. Rd: 1 LM, 24 fM, KM (= 24 M)
10. Rd: 1 LM, (4 fM, 1x abn) 4x, KM (= 20 M)
11. Rd: 1 LM, (8 fM, 1x abn) 2x, KM (= 18 M)
12. Rd: 1 LM, 18 fM, KM (= 18 M)
Faden abschneiden und vernähen.
In vord Schlaufen der 8. Rd in Rot beginnen:
1. Rd: 1 LM, (1x zun, 1 fM) 12x, KM (= 36 M)
2. Rd: 1 LM, (1 M überspr, 5 Stb in 1 M, 1 M überspr, 1 KM) 9x (= 54 M)
Zu Schwarz wechseln.
3. Rd: 1 LM, (2 LM, 1 KM in vord Schlaufen von 2 M gleichzeitig *) 27x (= 54 M)
Faden abschneiden und vernähen.
(* vgl. unsichtbares Abnehmen)
In Schwarz je 1 Knötchenstich in die Mitte der jeweils 9 Stb-Bögen von innen unters Kleid sticken (s. Knötchenstich S. 35).

KOPF (in Braun häkeln, vgl. BUTA S. 13, Abb. 4–6)

1. Rd: 6 fM in Fadenring, KM (= 6 M)
2. Rd: 1 LM, 6x zun, KM (= 12 M)
3. Rd: 1 LM, 2 fM, 3x zun, 4 fM, 2x zun, 1 fM, KM (= 17 M)
4. Rd: 1 LM, 2 fM, 1x zun, 3 fM, 1x zun, 4 fM, 1x zun, 3 fM, 1x zun, 1 fM, KM (= 21 M)
5. Rd: 1 LM, 2 fM, 1x zun, 3 fM, 1x zun, 6 fM, 1x zun, 3 fM, 1x zun, 3 fM, KM (= 25 M)
6. Rd: 1 LM, 2 fM, 1x zun, 3 fM, 1x zun, 8 fM, 1x zun, 3 fM, 1x zun, 5 fM, KM (= 29 M)
7.–10. Rd: 1 LM, 29 fM, KM (= 29 M)

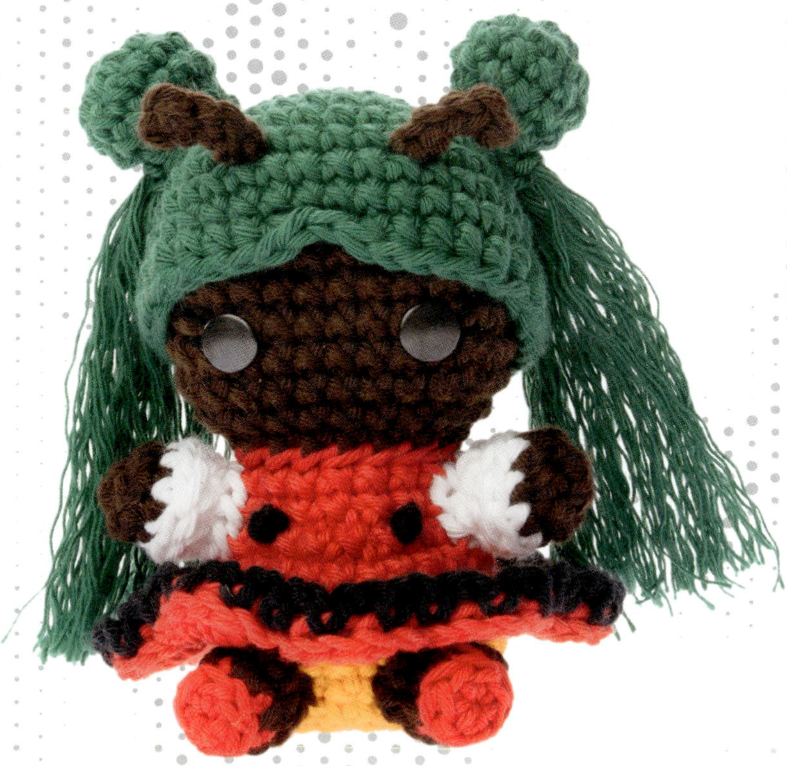

GRÖSSE:
CA. 11 CM

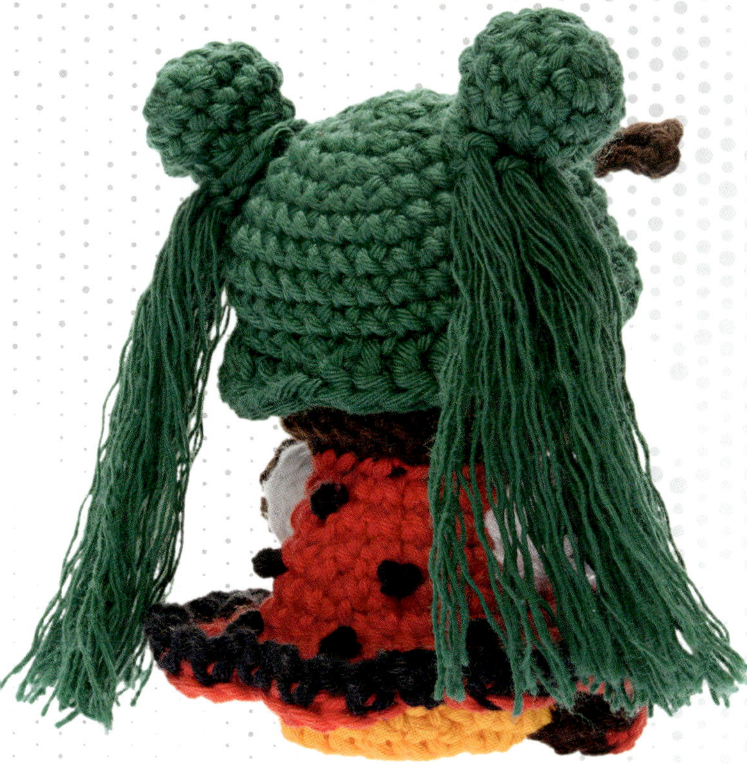

11. Rd: 1 LM, 2 fM, 1x abn, 8 fM, 1x abn, 3 fM, 1x abn, 8 fM, 1x abn, KM (= 25 M)
Wimpern mit schwarzem Stickgarn wie ein schräges V über eine Länge von je 2 M aufsticken.
Augen zwischen der 9. und 10. Rd in einem Abstand von 6 M einsetzen.
Die Augen sollten jetzt auf dem gleichen Punkt liegen wie die Spitze des Wimpern-Vs.
12. Rd: 1 LM, 1 fM, 1x abn, 6 fM, 1x abn, 3 fM, 1x abn, 6 fM, 1x abn, 1 fM, KM (= 21 M)
13. Rd: 1 LM, 1x abn, 4 fM, 1x abn, 3 fM, 1x abn, 4 fM, 1x abn, 2 fM, KM (= 17 M)
Kopf mit Füllwatte stopfen.
14. Rd: 1 LM, 4 fM, 3x abn, 3 fM, 2x abn, KM (= 12 M)
15. Rd: 6x abn, KM (= 6 M)
Faden abschneiden und vernähen.

HAARE (in Gras häkeln, vgl. USHI S. 54, Abb. 3 und 4)

1. Rd: 6 fM in Fadenring (= 6 M)
2. Rd: 6x zun (= 12 M)
3. Rd: 1 fM, 3x zun, 3 fM, 3x zun, 2 fM (= 18 M)
4. Rd: (1x zun, 2 fM) 6x (= 24 M)
5. Rd: 2 fM, (1x zun, 5 fM) 3x, 1x zun, 3 fM (= 28 M)
6. Rd: 3 fM, (1x zun, 6 fM) 3x, 1x zun, 3 fM (= 32 M)
7. Rd: 7 fM, 1x zun, 15 fM, 1x zun, 8 fM (= 34 M)
8. und 9. Rd: 34 fM (= 34 M)
10. Rd: in vord Schlaufen 1 hStb, 9 Stb, 5 hStb, 1 fM, 2 KM, 1 fM, 5 hStb, 8 Stb, 1 hStb, 1 fM, 2 KM
Faden abschneiden und vernähen.

DUTT (2x in Gras häkeln)

1. Rd: 6 fM in Fadenring (= 6 M)
2. Rd: 6x zun (= 12 M)
3. und 4. Rd: 12 fM (= 12 M)
Dutt mit Füllwatte stopfen.
5. Rd: 6x abn, KM (= 6 M)
Faden abschneiden und vernähen.

ARME (2x)

Mit Braun beginnen.
1. Rd: 6 fM in Fadenring, KM (= 6 M)
2. Rd: 1 LM, (1x zun, 2 fM) 2x, KM (= 8 M)
Zu Weiß wechseln.
3. und 4. Rd: 1 LM, 8 fM, KM (= 8 M)
Faden abschneiden und vernähen.
1 Rd KM zwischen der 3. und 4. Rd in Weiß häkeln.

BEINE (2x)

Mit Rot beginnen.
1. Rd: 6 fM in Fadenring, KM (= 6 M)
Zu Braun wechseln.
2. Rd: 1 LM, (1x zun, 2 fM) 2x, KM (= 8 M)
3. Rd: 1 LM, 8 fM, KM (= 8 M)
Faden abschneiden und vernähen.
1 Rd KM zwischen der 1. und 2. Rd in Rot häkeln.

FÜHLER (2x in Braun häkeln)

4 LM, 1 Wlm anschl
1. R: auf der Unterseite zurückhäkeln 1 fM, 3 KM, LM
Faden abschneiden und aus der LM ziehen.

EINZELTEILE ZUSAMMENFÜGEN

1. Kleid zu etwa einem Drittel mit Styroporkügelchen füllen, dann mit Füllwatte stopfen und an den Kopf nähen (vgl. BUTA S. 15, Abb. 16).
2. Hint Schlaufen der Haare aufnähen (vgl. USHI S. 57, Abb. 14).
3. Arme und Beine an den Körper nähen. Die Beine müssen dabei plan mit der Unterseite des Körpers abschließen (vgl. BUTA S. 15, Abb. 17).
4. Fühler zwischen der 7. und 8. Rd in einem Abstand von 4 M auf die Haare knoten.
5. Dutts annähen.

6. Mit dem Knötchenstich symmetrisch 2 schwarze Punkte auf die Brust Abb. 1 Abb. 2 Abb. 3 Abb. 4 und 3 schwarze Punkte auf den Rücken sticken.

7. Für jeden Dutt jeweils 7 LM häkeln und Faden abschneiden. In die 6 Schlaufen der 3 mittleren LM jeweils einen ca. 17 cm langen Faden in Gras knüpfen (= je 2 ca. 8 cm lange Haarsträhnen) Abb. 5 Abb. 6. Jeweils einen LM-Strang um einen Dutt legen und vernähen. Zum Schluss jede Haarsträhne in ihre Einzelfäden teilen.

KNÖTCHENSTICH

Mit der Wollnadel von innen durch den Körper direkt unter den Rock und dann von unten durch den Stb-Bogen stechen. Dann den mitgeführten Wollfaden dreimal um die Nadel legen und diese auf dem gleichen Wege wieder zurück auf die Innenseite des Körpers führen. Faden festziehen. Dies für die restlichen Stb-Bögen wiederholen (vgl. Abb. 1–4).

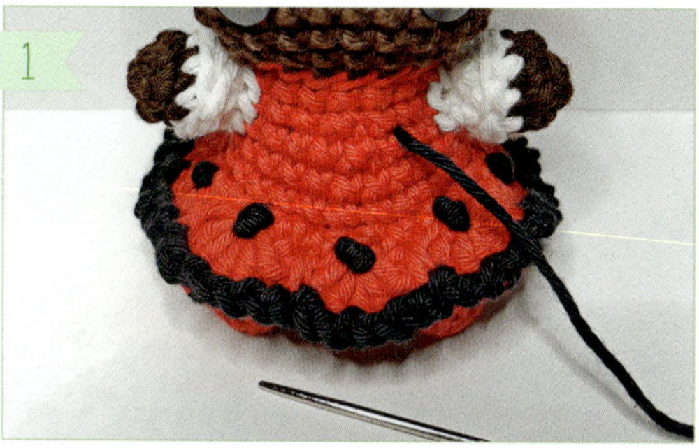

1

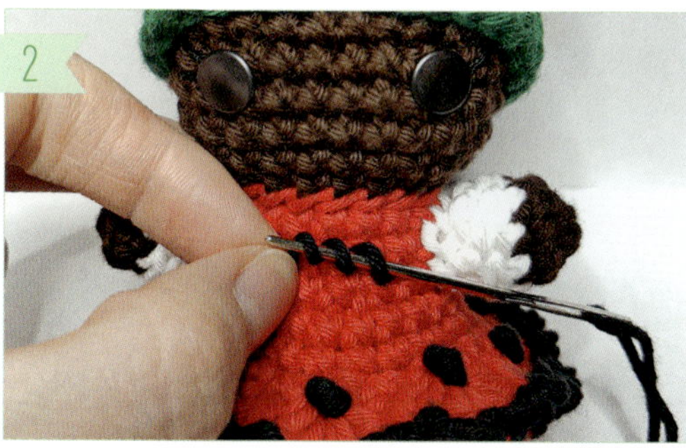

2

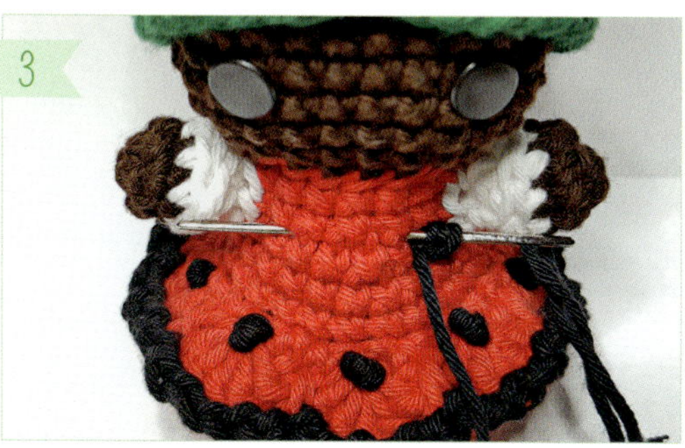

3

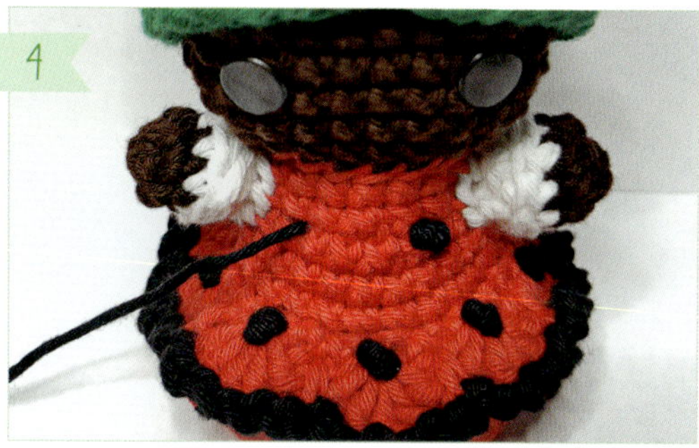

4

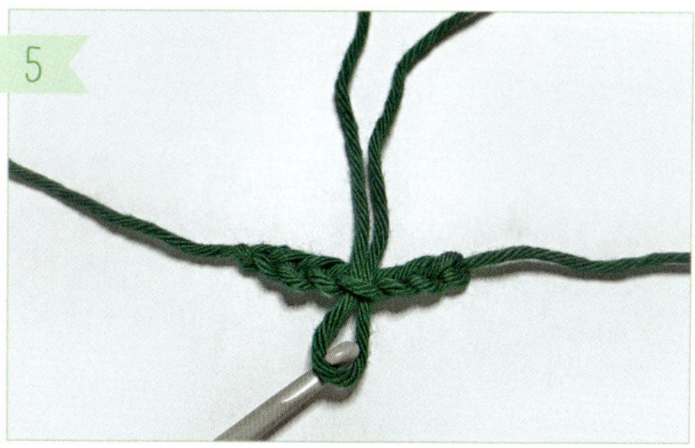

5

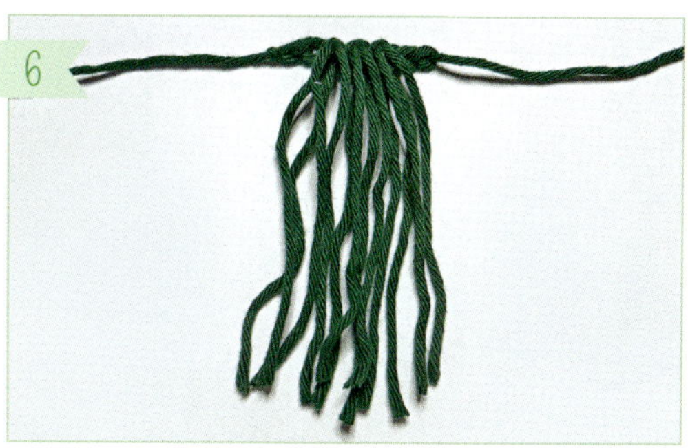

6

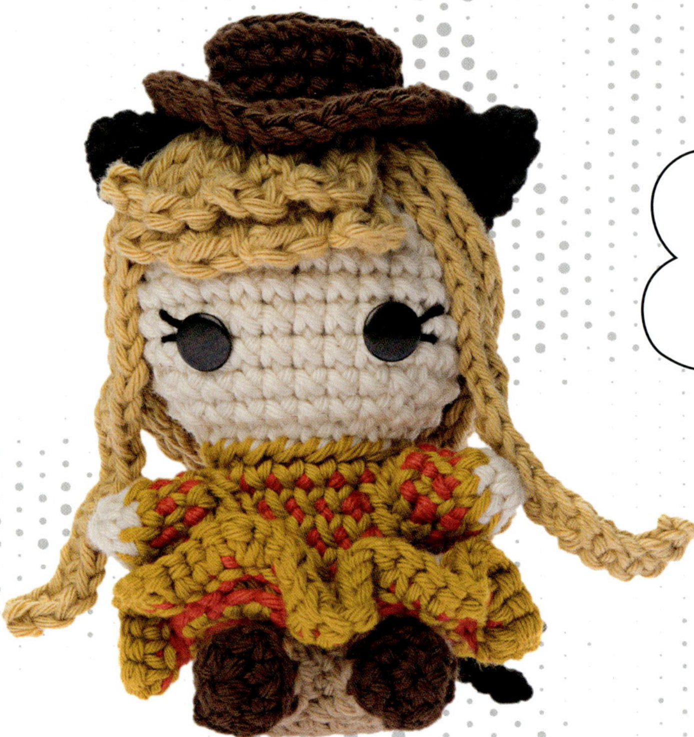

GRÖSSE:
CA. 11 CM

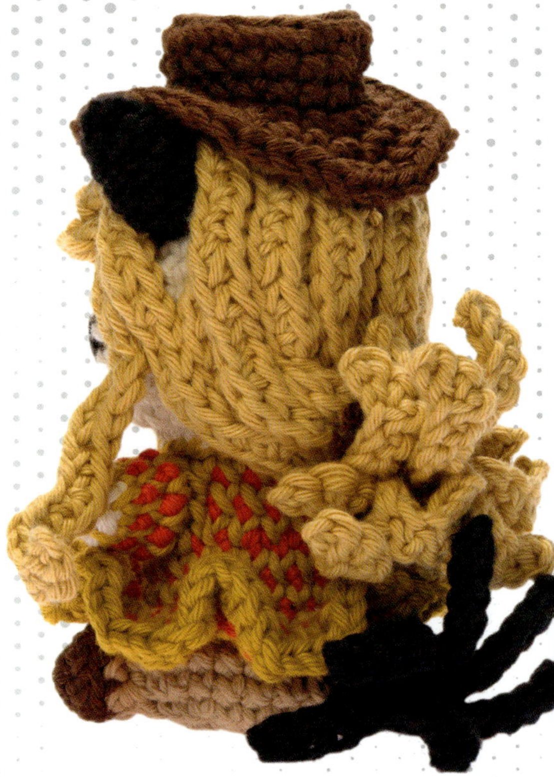

MATERIAL

- Kurtenbach „Twister Curly 8 uni" (100 % Baumwolle, LL 85 m/50 g), in Kamel (Fb. 82) und Braun (Fb. 88)
- Wolle Rödel „Cotton Universal" (100 % Baumwolle, LL 85 m/50 g), in Natur (Fb. 31), Schwarz (Fb. 39), Senf (Fb. 5) und Sand (Fb. 32)
- Rico Design „Creative cotton aran" (100 % Baumwolle, LL 85 m/50 g) in Kirsche (Fb. 65)
- Häkelnadel 3,5 mm
- Stickgarn in Schwarz
- Sticknadel
- Wollnadel zum Vernähen
- 2 Hohlnieten, 9 mm, für die Augen
- Füllwatte
- Styroporkügelchen
- Nähgarn in Hellbraun
- Nähnadel

UMA

DIE PFERDESTUTE MACHT SICH EINEN SPAß DARAUS, USHI MIT DEM LASSO ZU JAGEN, UND HÖRT GERN COUNTRY-MUSIK.

KLEID (vgl. BUTA S. 11 und 12, Abb. 1–3)

Mit Kamel beginnen.
1. Rd: 1 LM, 6 fM in Fadenring, KM (= 6 M)
2. Rd: 1 LM, 6x zun, KM (= 12 M)
3. Rd: 1 LM, (2x zun, 1 fM) 4x, KM (= 20 M)
4. Rd: 1 LM, (1x zun, 4 fM) 4x, KM (= 24 M)
5. und 6. Rd: 1 LM, 24 fM, KM (= 24 M)
Zu Senf und Kirsche wechseln.
Im Folgenden die 1. Schlinge einer fM sowie alle KM immer in Senf und die 2. Schlinge einer fM sowie alle LM immer in Kirsche häkeln.
7. Rd: 1 LM, 24 fM, KM (= 24 M)
8. Rd: in hint Schlaufen 1 LM, 24 fM, KM (= 24 M)
9. Rd: 1 LM, 24 fM, KM (= 24 M)
10. Rd: 1 LM, (4 fM, 1x abn) 4x, KM (= 20 M)
11. Rd: 1 LM, (8 fM, 1x abn) 2x, KM (= 18 M)
Zu Senf wechseln.
12. Rd: 1 LM, 18 fM, KM (= 18 M)
Faden abschneiden und vernähen.
In vord Schlaufen der 8. Rd in Senf und Kirsche beginnen.
Im Folgenden die 1. Schlinge einer fM sowie alle KM immer in Senf und die 2. Schlinge einer fM sowie alle LM immer in Kirsche häkeln.
1. Rd: 1 LM, (1x zun, 1 fM) 12x, KM (= 36 M)
2. Rd: 1 LM, (2x zun, 1 fM) 12x, KM (= 60 M)
Zu Senf wechseln.
3. Rd: 1 LM, (1x zun, 2 fM) 20x, KM (= 80 M)
Faden abschneiden und vernähen.

KOPF (in Natur häkeln, vgl. BUTA S. 13, Abb. 4–6)

1. Rd: 6 fM in Fadenring, KM (= 6 M)
2. Rd: 1 LM, 6x zun, KM (= 12 M)
3. Rd: 1 LM, 2 fM, 3x zun, 4 fM, 2x zun, 1 fM, KM (= 17 M)
4. Rd: 1 LM, 2 fM, 1x zun, 3 fM, 1x zun, 4 fM, 1x zun, 3 fM, 1x zun, 1 fM, KM (= 21 M)
5. Rd: 1 LM, 2 fM, 1x zun, 3 fM, 1x zun, 6 fM, 1x zun, 3 fM, 1x zun, 3 fM, KM (= 25 M)
6. Rd: 1 LM, 2 fM, 1x zun, 3 fM, 1x zun, 8 fM, 1x zun, 3 fM, 1x zun, 5 fM, KM (= 29 M)
7.–10. Rd: 1 LM, 29 fM, KM (= 29 M)
11. Rd: 1 LM, 2 fM, 1x abn, 8 fM, 1x abn, 3 fM, 1x abn, 8 fM, 1x abn, KM (= 25 M)
Wimpern mit schwarzem Stickgarn wie ein schräges V über eine Länge von je 2 M aufsticken.
Augen zwischen der 9. und 10. Rd in einem Abstand von 6 M einsetzen.
Die Augen sollten jetzt auf dem gleichen Punkt liegen wie die Spitze des Wimpern-Vs.
12. Rd: 1 LM, 1 fM, 1x abn, 6 fM, 1x abn, 3 fM, 1x abn, 6 fM, 1x abn, 1 fM, KM (= 21 M)
13. Rd: 1 LM, 1x abn, 4 fM, 1x abn, 3 fM,

1x abn, 4 fM, 1x abn, 2 fM, KM (= 17 M)
Kopf mit Füllwatte stopfen.
14. Rd: 1 LM, 4 fM, 3x abn, 3 fM, 2x abn, KM (= 12 M)
15. Rd: 6x abn, KM (= 6 M)
Faden abschneiden und vernähen.

HAARE (in Sand häkeln, vgl. BUTA S. 13, Abb. 7–9)

1. Rd: 6 fM in Fadenring (= 6 M)
2. Rd: 6x zun, KM in vord Schlaufe (= 12 M)
Im Folgenden immer auf der Unterseite der LM zurückhäkeln:
3. Rd: in vord Schlaufen der 2. Rd [21 LM, 1 Wlm, 1 KM, (1x zun, 1 fM, 1x abn, 1 fM) 4x, 1 KM] 4x, (6 LM, 1 Wlm, 1 KM, 1x zun, 1 fM, 1x abn, 1 fM, 1 KM) 4x, [21 LM, 1 Wlm, 1 KM, (1x zun, 1 fM, 1x abn, 1 fM) 4x, 1 KM] 4x
4. Rd: in hint Schlaufen der 2. Rd [21 LM, 1 Wlm, 1 KM, (1x zun, 1 fM, 1x abn, 1 fM) 4x, 1 KM] 4x, (6 LM, 1 Wlm, 1 KM, 1x zun, 1 fM, 1x abn, 1 fM, 1 KM) 4x, [21 LM, 1 Wlm, 1 KM, (1x zun, 1 fM, 1x abn, 1 fM) 4x, 1 KM] 4x
Faden abschneiden und vernähen.

ARME (2x)

Mit Natur beginnen.
1. Rd: 6 fM in Fadenring, KM (= 6 M)
Zu Senf und Kirsche wechseln.
Im Folgenden die 1. Schlinge einer fM sowie alle KM immer in Senf und die 2. Schlinge einer fM sowie alle LM immer in Kirsche häkeln.
2. Rd: 1 LM, (1x zun, 2 fM) 2x, KM (= 8 M)
3. Rd: 1 LM, 8 fM, KM (= 8 M)
Zu Senf wechseln.
4. Rd: 1 LM, 8 fM, KM (= 8 M)
Faden abschneiden und vernähen.

BEINE (2x)

Mit Braun beginnen.
1. Rd: 6 fM in Fadenring, KM (= 6 M)
2. Rd: 1 LM, (1x zun, 2 fM) 2x, KM (= 8 M)
Zu Kamel wechseln.
3. Rd: in hint Schlaufen 1 LM, 8 fM, KM (= 8 M)
Faden abschneiden und vernähen.

OHREN (2x in Schwarz häkeln, vgl. USHI S. 56, Abb. 8)

1. Rd: 4 fM in Fadenring (= 4 M)
2. Rd: (1x zun, 1 fM) 2x (= 6 M)
3. Rd: (1x zun, 2 fM) 2x (= 8 M)
4. Rd: 8 fM (= 8 M)
5. Rd: 8 fM, KM (= 8 M)
Faden abschneiden und vernähen.

SCHWEIF (in Schwarz häkeln)

1. Rd: 6 fM in Fadenring, KM (= 6 M)
2. Rd: (9 LM, 1 Wlm, 10 KM) 6x
Faden abschneiden.
Faden durch vord Schlaufe jeder 8. KM fädeln, festziehen und durch die Mitte des Fadenrings auf die Rückseite fädeln Abb. 1 Abb. 2.

1
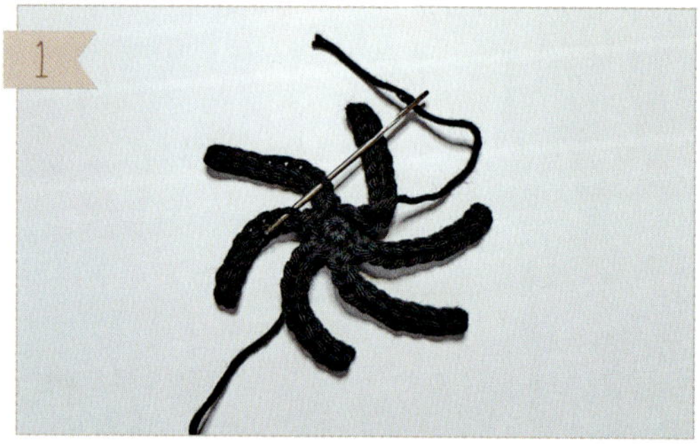

2
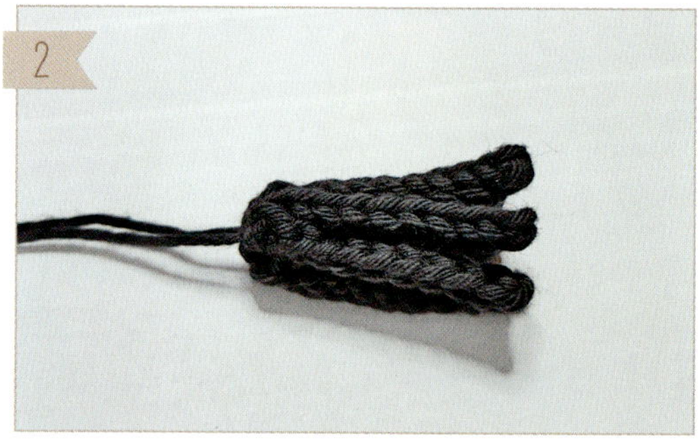

COWBOYHUT (in Braun häkeln)

1. Rd: 6 fM in Fadenring, KM (= 6 M)
2. Rd: 1 LM, (2x zun, 1 fM) 2x, KM (= 10 M)
3. Rd: 1 LM, 3x zun, 1 fM, 4x zun, 1 fM, 1x zun, KM (= 18 M)
4. Rd: in hint Schlaufen 1 LM, 18 fM, KM (= 18 M) Abb. 3
5. und 6. Rd: 1 LM, 18 fM, KM (= 18 M)
7. Rd: in vord Schlaufen 1 LM, (4 fM, 1x zun, 1 fM, 1x zun, 1 fM, 1x zun) 2x, KM (= 24 M) Abb. 4
8. Rd: 1 LM, (4 fM, 1x zun, 1 fM, 2x zun, 1 fM, 1x zun, 2 fM) 2x, KM (= 32 M)
9. Rd: 1 LM, (3 fM, [1x zun, 2 fM] 3x, 1x zun, 3 fM) 2x, KM (= 40 M)
Faden abschneiden und vernähen Abb. 5.

EINZELTEILE ZUSAMMENFÜGEN

1. Kleid zu etwa einem Drittel mit Styroporkügelchen füllen, dann mit Füllwatte stopfen und an den Kopf nähen (vgl. BUTA S. 15, Abb. 16).

2. Arme und Beine an den Körper nähen. Die Beine müssen dabei plan mit der Unterseite des Körpers abschließen (vgl. BUTA S. 15, Abb. 17).

3. Schwanz annähen. Darauf achten, dass er wie die Beine plan mit der Unterseite des Körpers abschließt.

4. Ohren annähen.

5. Haare zunächst oben am Kopf festnähen, dann mit Nähgarn die unteren 12 Haarsträhnen, anschließend die oberen 12 Haarsträhnen punktuell annähen (vgl. BUTA S. 15, Abb. 18 und 19). Bis auf 2 vordere lange Haarsträhnen alle anderen langen Strähnen mit einem braunen Wollfaden zu einem Zopf binden Abb. 6.

6. Cowboyhut etwas mit Füllwatte stopfen und Innenkreis auf den Kopf nähen. Danach die vordere und hintere Spitze der Hutkrempe mit Nähgarn punktuell am Kopf annähen.

3
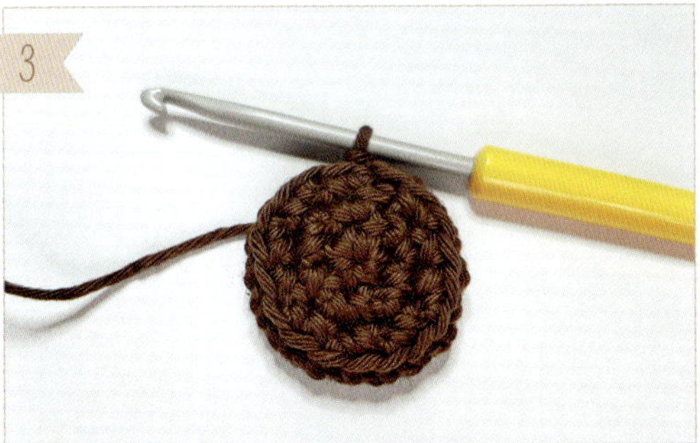

5
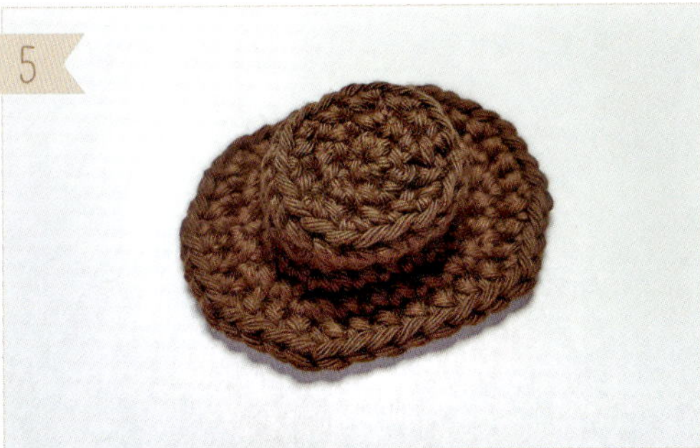

4
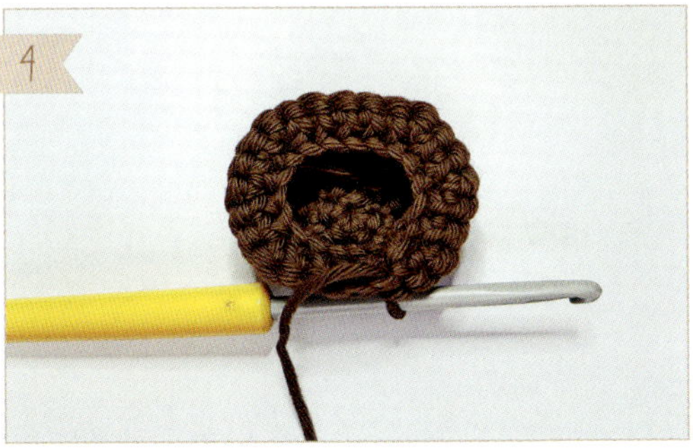

6
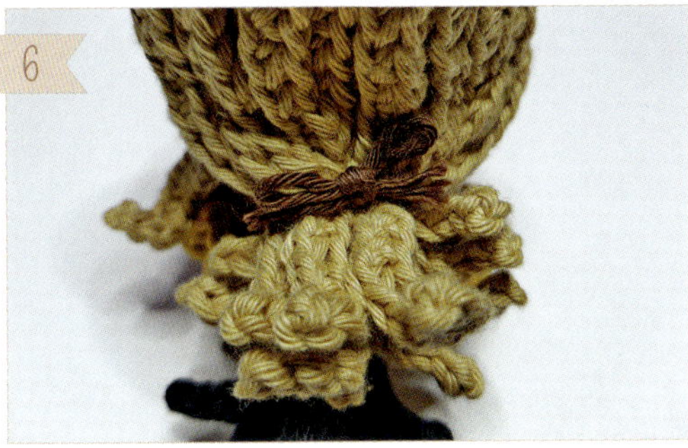

ŌKAMI

DER WOLFSRÜDE IST EIN ABSOLUTER MÄDCHENSCHWARM UND EINE SPORTSKANONE. AM LIEBSTEN LÄUFT ER WALDMARATHONS.

GRÖSSE: CA. 9,5 CM

MATERIAL

- Kurtenbach „Twister Curly 8 uni" (100 % Baumwolle, LL 85 m/50 g), in Kamel (Fb. 82) und Bordeaux (Fb. 37)
- Wolle Rödel „Cotton Universal" (100 % Baumwolle, LL 85 m/50 g), in Silbergrau (Fb. 27) und Patina (Fb. 30)
- Häkelnadel 3,5 mm
- Wollnadel zum Vernähen
- 2 Hohlnieten, 9 mm, für die Augen
- Füllwatte
- Styroporkügelchen
- Nähgarn in Grau
- Nähnadel

SWEATSHIRT UND HOSE

Mit Patina beginnen.

1. Rd: 1 LM, 6 fM in Fadenring, KM (= 6 M)
2. Rd: 1 LM, 6x zun, KM (= 12 M)
3. Rd: 1 LM, (2x zun, 1 fM) 4x, KM (= 20 M)
4. Rd: 1 LM, (1x zun, 4 fM) 4x, KM (= 24 M)
5. und 6. Rd: 1 LM, 24 fM, KM (= 24 M)
Zu Bordeaux wechseln.
7. Rd: 1 LM, 24 fM, KM (= 24 M)
8. Rd: in hint Schlaufen 1 LM, 24 fM, KM (= 24 M)
9. Rd: 1 LM, 24 fM, KM (= 24 M)
10. Rd: 1 LM, (4 fM, 1x abn) 4x, KM (= 20 M)
11. Rd: 1 LM, (8 fM, 1x abn) 2x, KM (= 18 M)
12. Rd: 1 LM, 18 fM, KM (= 18 M)
Faden abschneiden und vernähen Abb. 1.

1

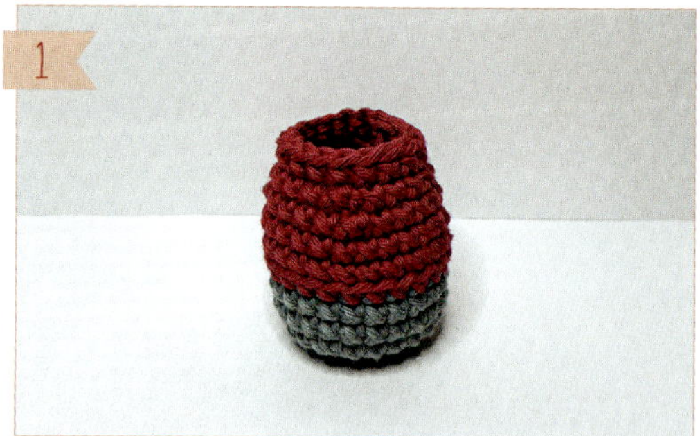

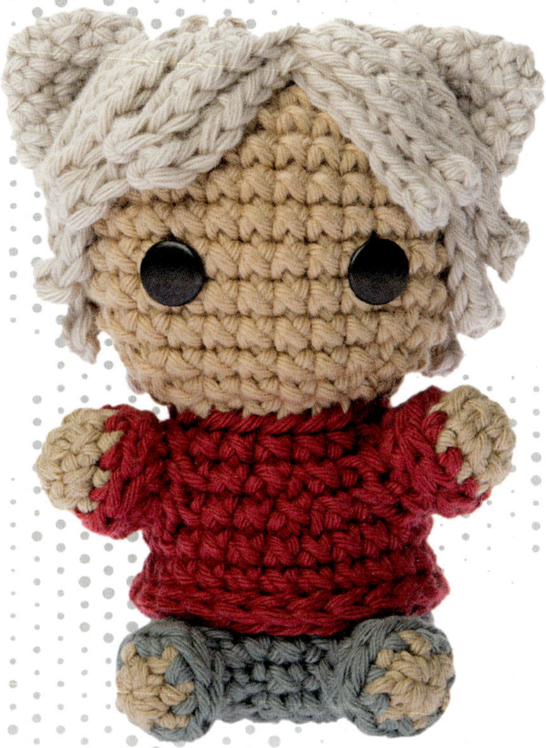

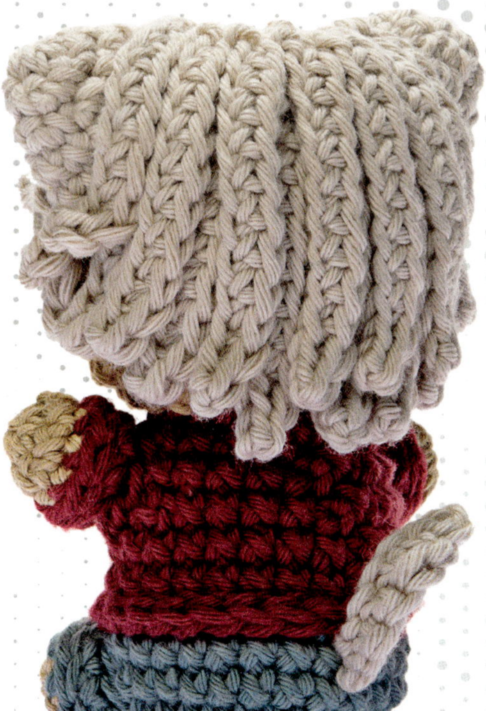

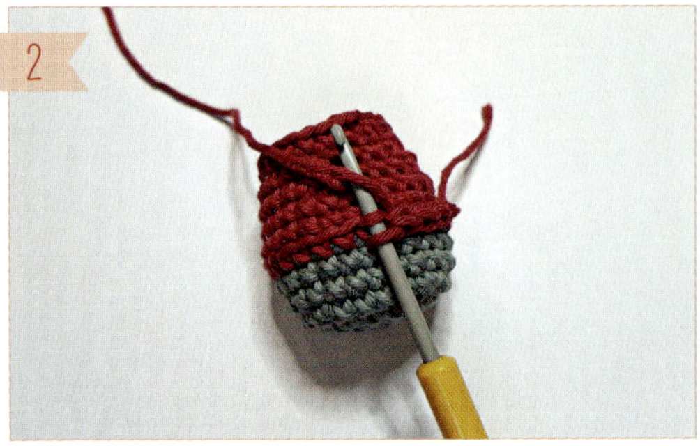

2

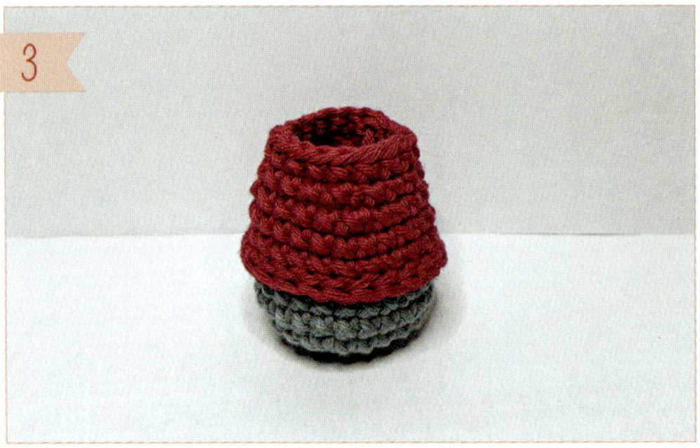

3

In vord Schlaufen der 8. Rd in Bordeaux wie folgt häkeln:

1. Rd: 24 KM (= 24 M) Abb. 2

Faden abschneiden und vernähen Abb. 3.

KOPF (in Kamel häkeln, vgl. BUTA S. 13, Abb. 4–6)

1. Rd: 6 fM in Fadenring, KM (= 6 M)

2. Rd: 1 LM, 6x zun, KM (= 12 M)

3. Rd: 1 LM, 2 fM, 3x zun, 4 fM, 2x zun, 1 fM, KM (= 17 M)

4. Rd: 1 LM, 2 fM, 1x zun, 3 fM, 1x zun, 4 fM, 1x zun, 3 fM, 1x zun, 1 fM, KM (= 21 M)

5. Rd: 1 LM, 2 fM, 1x zun, 3 fM, 1x zun, 6 fM, 1x zun, 3 fM, 1x zun, 3 fM, KM (= 25 M)

6. Rd: 1 LM, 2 fM, 1x zun, 3 fM, 1x zun, 8 fM, 1x zun, 3 fM, 1x zun, 5 fM, KM (= 29 M)

7.–10. Rd: 1 LM, 29 fM, KM (= 29 M)

11. Rd: 1 LM, 2 fM, 1x abn, 8 fM, 1x abn, 3 fM, 1x abn, 8 fM, 1x abn, KM (= 25 M)

Augen zwischen der 9. und 10. Rd in einem Abstand von 6 M einsetzen.

12. Rd: 1 LM, 1 fM, 1x abn, 6 fM, 1x abn, 3 fM, 1x abn, 6 fM, 1x abn, 1 fM, KM (= 21 M)

13. Rd: 1 LM, 1x abn, 4 fM, 1x abn, 3 fM, 1x abn, 4 fM, 1x abn, 2 fM, KM (= 17 M)

Kopf mit Füllwatte stopfen.

14. Rd: 1 LM, 4 fM, 3x abn, 3 fM, 2x abn, KM (= 12 M)

15. Rd: 6x abn, KM (= 6 M)

Faden abschneiden und vernähen.

HAARE (in Silbergrau häkeln, vgl. BUTA S. 13, Abb. 7–9)

1. Rd: 6 fM in Fadenring (= 6 M)

2. Rd: 6x zun, KM in vord Schlaufe (= 12 M)

Im Folgenden immer auf der Unterseite der LM zurückhäkeln:

3. Rd: in vord Schlaufen der 2. Rd 12 LM, 1 Wlm, 1 KM, 11 fM, 1 KM, 11 LM, 1 Wlm, 1 KM, 10 fM, 1 KM, 10 LM, 1 Wlm, 1 KM, 9 fM, 1 KM, 9 LM, 1 Wlm, 1 KM, 8 fM, 1 KM, 7 LM, 1 Wlm, 1 KM, 6 fM, 1 KM, 6 LM, 1 Wlm, 1 KM, 5 fM, 1 KM, 7 LM, 1 Wlm, 1 KM, 6 fM, 1 KM, 9 LM, 1 Wlm, 1 KM, 8 fM, 1 KM, 10 LM, 1 Wlm, 1 KM, 9 fM, 1 KM, 11 LM, 1 Wlm, 1 KM, 10 fM, 1 KM (12 LM, 1 Wlm, 1 KM, 11 fM, 1 KM) 2x

4. Rd: in hint Schlaufen der 2. Rd 12 LM, 1 Wlm, 1 KM, 11 fM, 1 KM, 11 LM, 1 Wlm, 1 KM, 10 fM, 1 KM, 10 LM, 1 Wlm, 1 KM, 9 fM, 1 KM, 9 LM, 1 Wlm, 1 KM, 8 fM, 1 KM, 7 LM, 1 Wlm, 1 KM, 6 fM, 1 KM, 6 LM, 1 Wlm, 1 KM, 5 fM, 1 KM, 7 LM, 1 Wlm, 1 KM, 6 fM, 1 KM, 9 LM, 1 Wlm, 1 KM, 8 fM, 1 KM, 10 LM, 1 Wlm, 1 KM, 9 fM, 1 KM, 11 LM, 1 Wlm, 1 KM, 10 fM, 1 KM, (12 LM, 1 Wlm, 1 KM, 11 fM, 1 KM) 2x

Faden abschneiden und vernähen.

ARME (2x)

Mit Kamel beginnen.
1. Rd: 6 fM in Fadenring, KM (= 6 M)
2. Rd: 1 LM, (1x zun, 2 fM) 2x, KM (= 8 M)
Zu Bordeaux wechseln.
3. und 4. Rd: 1 LM, 8 fM, KM (= 8 M)
Faden abschneiden und vernähen.
1 Rd KM zwischen der 3. und 4. Rd in Bordeaux häkeln.

BEINE (2x)

Mit Kamel beginnen.
1. Rd: 6 fM in Fadenring, KM (= 6 M)
Zu Patina wechseln.
2. Rd: 1 LM, (1x zun, 2 fM) 2x, KM (= 8 M)
3. Rd: 1 LM, 8 fM, KM (= 8 M)
Faden abschneiden und vernähen.
1 Rd KM zwischen der 2. und 3. Rd in Patina häkeln.

OHREN (2x in Silbergrau häkeln, vgl. BUTA S. 14, Abb. 13 und 14)

1. Rd: 6 fM in Fadenring (= 6 M)
2. Rd: (1x zun, 2 fM) 2x (= 8 M)
3. Rd: (2x zun, 2 fM) 2x (= 12 M)
4. Rd: (1x zun, 2 fM) 4x (= 16 M)
5. Rd: 16 fM, KM (= 16 M)
Faden etwas länger abschneiden.
Ohr halbieren, sodass sich die hint Schlaufen gegenüberliegen, und mit Fadenrest die hint Schlaufen zusammennähen.

SCHWANZ (in Silbergrau häkeln)

7 LM, 1 Wlm anschl
1. R: auf der Unterseite zurückhäkeln 1 KM, 1 fM, 1 hStb, 2 fM, 2 KM, LM
Faden abschneiden und aus der LM ziehen Abb. 4 .

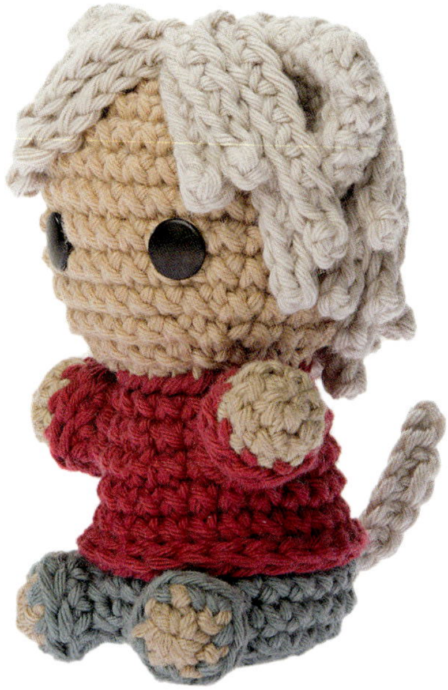

EINZELTEILE ZUSAMMENFÜGEN

1. Sweatshirt und Hose zu etwa einem Drittel mit Styroporkügelchen füllen, dann mit Füllwatte stopfen und an den Kopf nähen (vgl. BUTA S. 15, Abb. 16).
2. Arme und Beine an den Körper nähen. Die Beine müssen dabei plan mit der Unterseite des Körpers abschließen (vgl. BUTA S. 15, Abb. 17).
3. Schwanz anknoten.
4. Ohren annähen.
5. Haare zunächst oben am Kopf festnähen, dann mit Nähgarn die unteren 12 Haarsträhnen, anschließend die oberen 12 Haarsträhnen punktuell annähen (vgl. BUTA S. 15, Abb. 18 und 19).

4

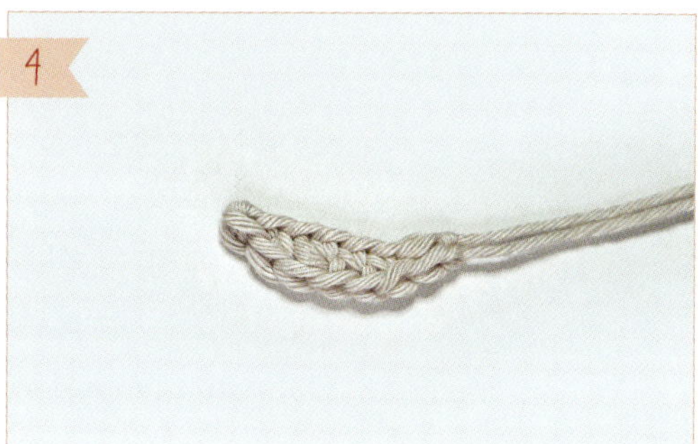

GRÖSSE:
CA. 13 CM

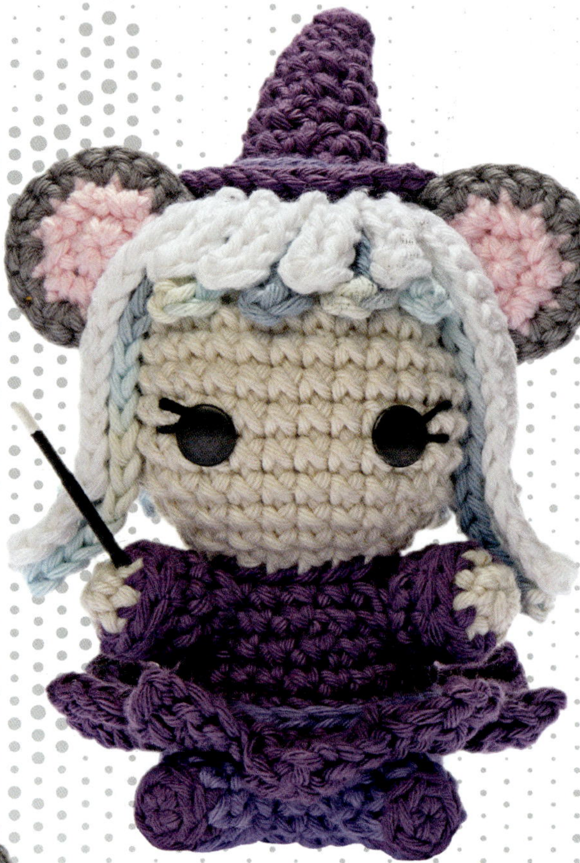

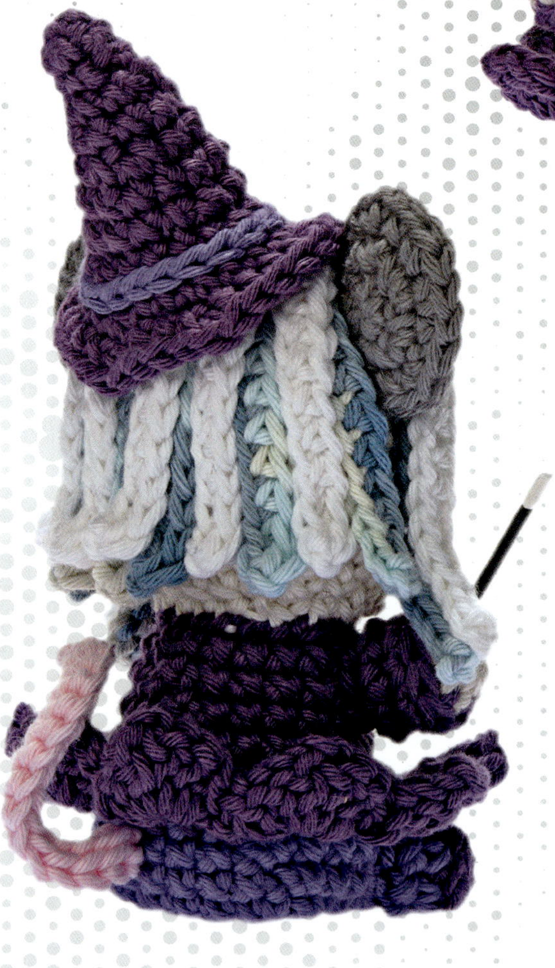

NEZUMI

DIE MAUS TRÄUMT DAVON, EINEN BRIEF VON HOGWARTS ZU BEKOMMEN, UM ENDLICH IHRE FÄHIGKEITEN UNTER BEWEIS STELLEN ZU KÖNNEN.

MATERIAL

- Kurtenbach „Twister Curly 8 uni“ (100 % Baumwolle, LL 85 m/50 g), in Lila (Fb. 49), Helllila (Fb. 43), Rosa (Fb. 30) und Mausgrau (Fb. 18)
- Wolle Rödel „Cotton Universal“ (100 % Baumwolle, LL 85 m/50 g), in Natur (Fb. 31) und Weiß (Fb. 38)
- Rico Design „Creative cotton print aran“ (100 % Baumwolle, LL 85 m/50 g) in Hellblau-Denim Mix (Fb. 6)
- Häkelnadel 3,5 mm
- Stickgarn in Schwarz
- Sticknadel
- Wollnadel zum Vernähen
- 2 Hohlnieten, 9 mm, für die Augen
- Füllwatte
- Styroporkügelchen
- Nähgarn in Weiß
- Nähnadel
- Zahnstocher
- Nagellack in Schwarz und Weiß (alternativ Acrylfarbe)
- evtl. etwas Textilkleber

KLEID (vgl. BUTA S. 11 und 12, Abb. 1–3)

Mit Helllila beginnen.
1. Rd: 1 LM, 6 fM in Fadenring, KM (= 6 M)
2. Rd: 1 LM, 6x zun, KM (= 12 M)
3. Rd: 1 LM, (2x zun, 1 fM) 4x, KM (= 20 M)
4. Rd: 1 LM, (1x zun, 4 fM) 4x, KM (= 24 M)
5. und 6. Rd: 1 LM, 24 fM, KM (= 24 M)
Zu Lila wechseln.
7. Rd: 1 LM, 24 fM, KM (= 24 M)
8. Rd: in hint Schlaufen 1 LM, 24 fM, KM (= 24 M)
9. Rd: 1 LM, 24 fM, KM (= 24 M)
10. Rd: 1 LM, (4 fM, 1x abn) 4x, KM (= 20 M)
11. Rd: 1 LM, (8 fM, 1x abn) 2x, KM (= 18 M)
12. Rd: 1 LM, 18 fM, KM (= 18 M)
Faden abschneiden und vernähen.
In vord Schlaufen der 8. Rd in Lila wie folgt häkeln:
1. Rd: 1 LM, (1x zun, 1 fM) 12x, KM (= 36 M)
2. Rd: (1 M überspr, [3 Stb, 1 LM, 1 KM in vord Schlaufe des vorh Stb, 3 Stb] in 1 M, 1 M überspr, 1 KM) 9x
Faden abschneiden und vernähen.
1 Rd KM zwischen der 7. und 8. Rd in Helllila häkeln.

KOPF (in Natur häkeln, vgl. BUTA S. 13, Abb. 4–6)

1. Rd: 6 fM in Fadenring, KM (= 6 M)
2. Rd: 1 LM, 6x zun, KM (= 12 M)
3. Rd: 1 LM, 2 fM, 3x zun, 4 fM, 2x zun, 1 fM, KM (= 17 M)

4. Rd: 1 LM, 2 fM, 1x zun, 3 fM, 1x zun, 4 fM, 1x zun, 3 fM, 1x zun, 1 fM, KM (= 21 M)
5. Rd: 1 LM, 2 fM, 1x zun, 3 fM, 1x zun, 6 fM, 1x zun, 3 fM, 1x zun, 3 fM, KM (= 25 M)
6. Rd: 1 LM, 2 fM, 1x zun, 3 fM, 1x zun, 8 fM, 1x zun, 3 fM, 1x zun, 5 fM, KM (= 29 M)
7.–10. Rd: 1 LM, 29 fM, KM (= 29 M)
11. Rd: 1 LM, 2 fM, 1x abn, 8 fM, 1x abn, 3 fM, 1x abn, 8 fM, 1x abn, KM (= 25 M)
Wimpern mit schwarzem Stickgarn wie ein schräges V über eine Länge von je 2 M aufsticken.
Augen zwischen der 9. und 10. Rd in einem Abstand von 6 M einsetzen.
Die Augen sollten jetzt auf dem gleichen Punkt liegen wie die Spitze des Wimpern-Vs.
12. Rd: 1 LM, 1 fM, 1x abn, 6 fM, 1x abn, 3 fM, 1x abn, 6 fM, 1x abn, 1 fM, KM (= 21 M)
13. Rd: 1 LM, 1x abn, 4 fM, 1x abn, 3 fM, 1x abn, 4 fM, 1x abn, 2 fM, KM (= 17 M)
Kopf mit Füllwatte stopfen.
14. Rd: 1 LM, 4 fM, 3x abn, 3 fM, 2x abn, KM (= 12 M)
15. Rd: 6x abn, KM (= 6 M)
Faden abschneiden und vernähen.

HAARE (vgl. BUTA S. 13, Abb. 7–9)
Mit Weiß beginnen.
1. Rd: 6 fM in Fadenring (= 6 M)
2. Rd: 6x zun, KM in vord Schlaufe (= 12 M)
Im Folgenden immer auf der Unterseite der LM zurückhäkeln:
3. Rd: in vord Schlaufen der 2. Rd (10 LM, 1 Wlm, 10 fM, 1 KM) 2x, 11 LM, 1 Wlm, 11 fM, 1 KM, 15 LM, 1 Wlm, 3 KM, 12 fM, 1 KM, (4 LM, 1 Wlm, 4 fM, 1 KM) 4x, 15 LM, 1 Wlm, 3 KM, 12 fM, 1 KM, 11 LM, 1 Wlm, 11 fM, 1 KM, (10 LM, 1 Wlm, 10 fM, 1 KM) 2x
Zu Hellblau-Denim Mix wechseln.
4. Rd: in hint Schlaufen der 2. Rd (10 LM, 1 Wlm, 10 fM, 1 KM) 2x, 11 LM, 1 Wlm, 11 fM, 1 KM, 15 LM, 1 Wlm, 3 KM, 12 fM, 1 KM, (4 LM, 1 Wlm, 4 fM, 1 KM) 4x, 15 LM, 1 Wlm, 3 KM, 12 fM, 1 KM, 11 LM, 1 Wlm, 11 fM, 1 KM, (10 LM, 1 Wlm, 10 fM, 1 KM) 2x
Faden abschneiden und vernähen.

ARME (2x)
Mit Natur beginnen.
1. Rd: 6 fM in Fadenring, KM (= 6 M)
Zu Lila wechseln.
2. Rd: 1 LM, (1x zun, 2 fM) 2x, KM (= 8 M)
3. und 4. Rd: 1 LM, 8 fM, KM (= 8 M)
Faden abschneiden und vernähen.
1 Rd KM zwischen der 2. und 3. Rd in Lila häkeln.

BEINE (2x)
Mit Lila beginnen.
1. Rd: 6 fM in Fadenring, KM (= 6 M)
Zu Helllila wechseln.
2. Rd: 1 LM, (1x zun, 2 fM) 2x, KM (= 8 M)
3. Rd: 1 LM, 8 fM, KM (= 8 M)
Faden abschneiden und vernähen.
1 Rd KM zwischen der 1. und 2. Rd in Lila häkeln.

OHREN (2x)
vordere Hälfte (in Rosa häkeln)
1. Rd: 6 fM in Fadenring (= 6 M)
2. Rd: 6x zun, KM (= 12 M)
Faden abschneiden und vernähen.
hintere Hälfte (in Mausgrau häkeln)
1. Rd: 6 fM in Fadenring (= 6 M)
2. Rd: 6x zun, KM (= 12 M)
Vordere und hintere Hälfte aufeinanderlegen und wie folgt in beide Hälften gleichzeitig häkeln Abb. 1 :
3. Rd: 1 LM, (2x zun, 1 fM) 3x, (1 fM, 1 KM) in 1 M
Faden abschneiden und vernähen Abb. 2 .

SCHWANZ (in Rosa häkeln)

14 LM, 2 Wlm anschl
1. R: auf der Unterseite zurückhäkeln
14 KM, LM
Faden abschneiden und aus der LM ziehen.

HEXENHUT (in Lila häkeln)

1. Rd: 4 fM in Fadenring, KM (= 4 M)
2. Rd: 1 LM, 1x zun, 3 fM, KM (= 5 M)
3. Rd: 1 LM, 1x zun, 4 fM, KM (= 6 M)
4. Rd: 1 LM, (1x zun, 1 fM) 3x, KM (= 9 M)
5. Rd: 1 LM, 9 fM, KM (= 9 M)
6. Rd: 1 LM, (1x zun, 2 fM) 3x, KM (= 12 M)
7. Rd: 1 LM, 12 fM, KM (= 12 M)
8. Rd: 1 LM, (1x zun, 3 fM) 3x, KM (= 15 M)
9. Rd: 1 LM, (1x zun, 4 fM) 3x, KM (= 18 M)
10. Rd: in vord Schlaufen 1 LM, (1x zun, 2 fM) 6x, KM (= 24 M)
11. Rd: 1 LM, (1x zun, 3 fM) 6x, KM (= 30 M)
Faden abschneiden und vernähen.
1 Rd KM zwischen der 9. und 10. Rd in Helllila häkeln.

EINZELTEILE ZUSAMMENFÜGEN

1. Kleid zu etwa einem Drittel mit Styroporkügelchen füllen, dann mit Füllwatte stopfen und an den Kopf nähen (vgl. BUTA S. 15, Abb. 16).
2. Arme und Beine an den Körper nähen. Die Beine müssen dabei plan mit der Unterseite des Körpers abschließen (vgl. BUTA S. 15, Abb. 17).
3. Schwanz anknoten.
4. Ohren annähen.
5. Haare zunächst oben am Kopf festnähen, dann mit Nähgarn die unteren 12 Haarsträhnen, anschließend die oberen 12 Haarsträhnen punktuell annähen (vgl. BUTA S. 15, Abb. 18 und 19). Bei den beiden langen Haarsträhnen jeweils die Enden zusammennähen.
6. Hut annähen.
7. Zauberstab aus Zahnstocher: Spitze abschneiden, dann Zahnstocher lackieren. Nach dem Trocknen auf gewünschte Länge kürzen Abb. 3 Abb. 4, in eine Hand stecken und ggf. festkleben.

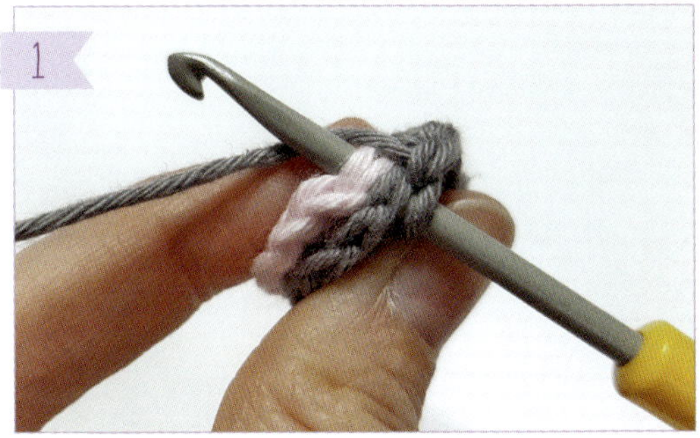

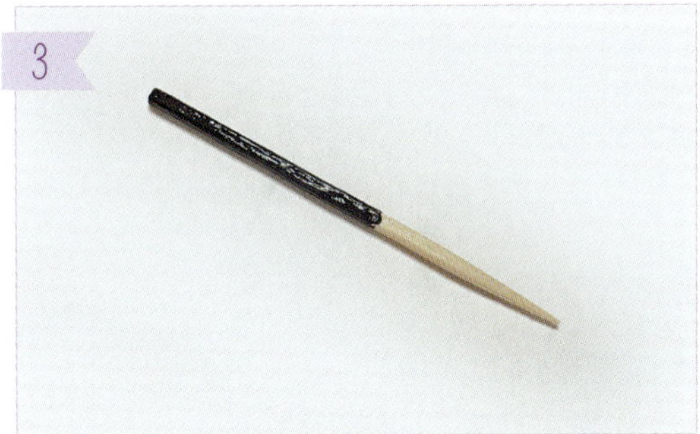

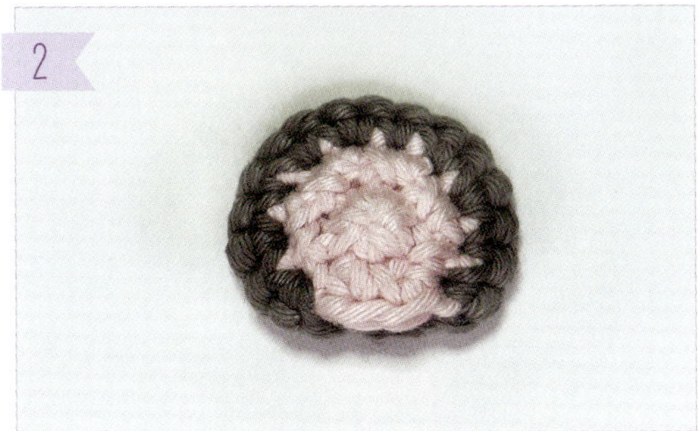

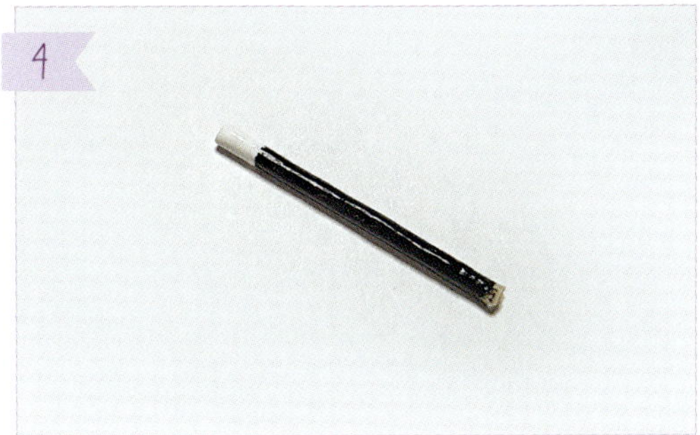

USAGI

DIE HÄSIN LIEBT SAUBERKEIT UND ORDNUNG UND NIMMT OFT AN KOCHWETTBEWERBEN TEIL.

KLEID (vgl. BUTA S. 11 und 12, Abb. 1–3)

Mit Rosa beginnen.
1. Rd: 1 LM, 6 fM in Fadenring, KM (= 6 M)
2. Rd: 1 LM, 6x zun, KM (= 12 M)
3. Rd: 1 LM, (2x zun, 1 fM) 4x, KM (= 20 M)
4. Rd: 1 LM, (1x zun, 4 fM) 4x, KM (= 24 M)
5. und 6. Rd: 1 LM, 24 fM, KM (= 24 M)
Zu Schwarz wechseln, dann Garnfarben wie angegeben wechseln:
7. Rd: 1 LM, 12 fM, in Weiß 5 fM, in Schwarz 7 fM, KM (= 24 M)
8. Rd: in hint Schlaufen 1 LM, 11 fM, in Weiß 5 fM, in Schwarz 8 fM, KM (= 24 M)
9. Rd: 1 LM, 10 fM, in Weiß 5 fM, in Schwarz 9 fM, KM (= 24 M)
10. Rd: 1 LM, 4 fM, 1x abn, 3 fM, in Weiß 1 fM, 1x abn, 2 fM, in Schwarz 2 fM, 1x abn, 4 fM, 1x abn, KM (= 20 M)
11. Rd: 1 LM, 7 fM, in Weiß 1 fM, 1x abn, 1 fM, in Schwarz 7 fM, 1x abn, KM (= 18 M)
12. Rd: 1 LM, 18 fM, KM (= 18 M)
Faden abschneiden und vernähen.
In vord Schlaufen der 8. Rd in Schwarz wie folgt häkeln:
1. Rd: 1 LM, (2x zun, 1 fM) 8x, KM (= 40 M)
2. Rd: 2 LM, 40 Stb, KM (= 40 M)
Zu Weiß wechseln.
3. Rd: (1 hStb, 1 KM) 20x (= 40 M)
Faden abschneiden und vernähen.

SCHÜRZE (in Weiß häkeln)

1 Rd KM zwischen der 7. und 8. Rd des Kleids häkeln.
Auf Höhe der KM-Rd beginnend, entlang des weißen Latzes auf beiden Seiten jeweils 4 KM nach oben, dann 1 KM nach schräg außen und anschließend 14 LM häkeln. Fäden abschneiden (vgl. AKASHIKA S. 21 und 22, Abb. 2–5). Unterhalb des Latzes über eine Länge von 6 KM in untere Schlaufen der KM wie folgt häkeln:
1. R: 2x zun, 2 fM, 2x zun, 1 Wlm (= 10 M)
2. R: 1 fM, 1 hStb, 1 Stb, 4 DStb, 1 Stb, 1 hStb, 1 fM, LM (= 10 M)
Faden abschneiden und vernähen.
Für die Schleife im Folgenden in die Unterseite der LM häkeln: (3 LM, 1 Stb in 1. LM, 1 KM in 1. LM, 3 LM, 1 KM in 1. LM) 2x, LM. Faden abschneiden Abb. 1 und damit die Schleife auf die Rückseite des Kleides knoten.

1

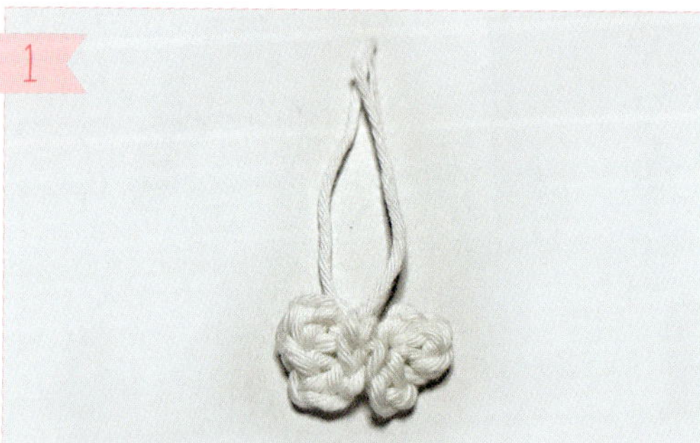

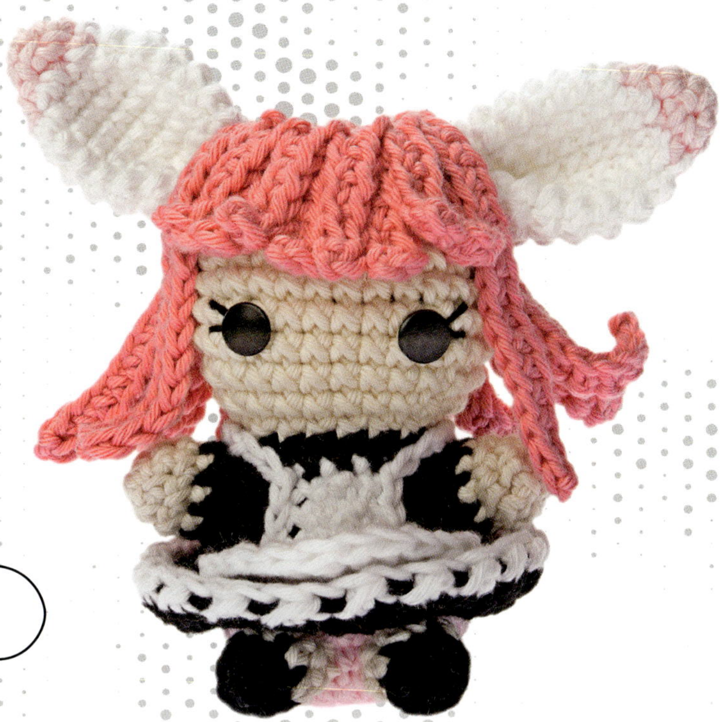

GRÖSSE:
CA. 12,5 CM

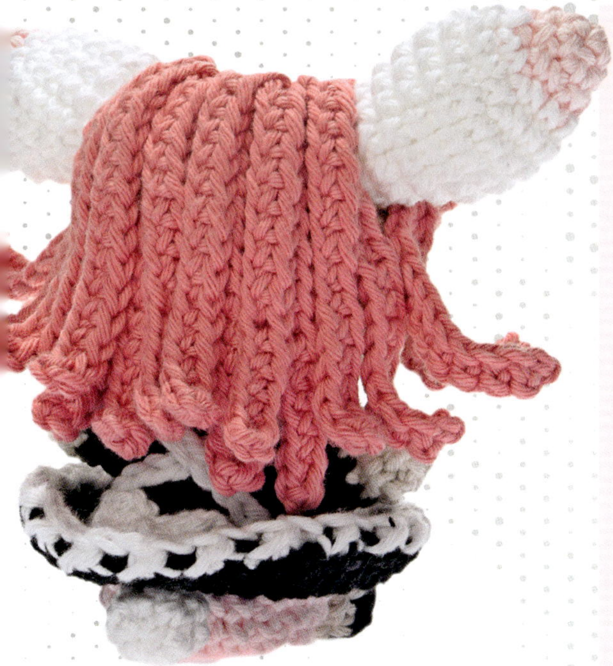

MATERIAL

- Kurtenbach „Twister Curly 8 uni“ (100 % Baumwolle, LL 85 m/50 g) in Rosa (Fb. 30)
- Wolle Rödel „Cotton Universal“ (100 % Baumwolle, LL 85 m/50 g) in Natur (Fb. 31), Bonbonrosa (Fb. 45), Schwarz (Fb. 39) und Weiß (Fb. 38)
- Häkelnadel 3,5 mm
- Stickgarn in Schwarz
- Sticknadel
- Wollnadel zum Vernähen
- 2 Hohlnieten, 9 mm, für die Augen
- Füllwatte
- Styroporkügelchen
- Nähgarn in Rosa
- Nähnadel

KOPF (in Natur häkeln, vgl. BUTA S. 13, Abb. 4–6)

1. Rd: 6 fM in Fadenring, KM (= 6 M)
2. Rd: 1 LM, 6x zun, KM (= 12 M)
3. Rd: 1 LM, 2 fM, 3x zun, 4 fM, 2x zun, 1 fM, KM (= 17 M)
4. Rd: 1 LM, 2 fM, 1x zun, 3 fM, 1x zun, 4 fM, 1x zun, 3 fM, 1x zun, 1 fM, KM (= 21 M)
5. Rd: 1 LM, 2 fM, 1x zun, 3 fM, 1x zun, 6 fM, 1x zun, 3 fM, 1x zun, 3 fM, KM (= 25 M)
6. Rd: 1 LM, 2 fM, 1x zun, 3 fM, 1x zun, 8 fM, 1x zun, 3 fM, 1x zun, 5 fM, KM (= 29 M)
7.–10. Rd: 1 LM, 29 fM, KM (= 29 M)
11. Rd: 1 LM, 2 fM, 1x abn, 8 fM, 1x abn, 3 fM, 1x abn, 8 fM, 1x abn, KM (= 25 M)
Wimpern mit schwarzem Stickgarn wie ein schräges V über eine Länge von je 2 M aufsticken.
Augen zwischen der 9. und 10. Rd in einem Abstand von 6 M einsetzen.
Die Augen sollten jetzt auf dem gleichen Punkt liegen wie die Spitze des Wimpern-Vs.
12. Rd: 1 LM, 1 fM, 1x abn, 6 fM, 1x abn, 3 fM, 1x abn, 6 fM, 1x abn, 1 fM, KM (= 21 M)
13. Rd: 1 LM, 1x abn, 4 fM, 1x abn, 3 fM, 1x abn, 4 fM, 1x abn, 2 fM, KM (= 17 M)
Kopf mit Füllwatte stopfen.
14. Rd: 1 LM, 4 fM, 3x abn, 3 fM, 2x abn, KM (= 12 M)
15. Rd: 6x abn, KM (= 6 M)
Faden abschneiden und vernähen.

HAARE (in Bonbonrosa häkeln, vgl. BUTA S. 13, Abb. 7–9)

1. Rd: 6 fM in Fadenring (= 6 M)
2. Rd: 6x zun, KM in vord Schlaufe (= 12 M)
Im Folgenden immer auf der Unterseite der LM zurückhäkeln:
3. Rd: in vord Schlaufen der 2. Rd (15 LM, 1 Wlm, 15 fM, 1 KM) 4x, (6 LM, 1 Wlm, 6 fM, 1 KM) 4x, (15 LM, 1 Wlm, 15 fM, 1 KM) 4x
4. Rd: in hint Schlaufen der 2. Rd (15 LM, 1 Wlm, 15 fM, 1 KM) 4x, (6 LM, 1 Wlm, 6 fM, 1 KM) 4x, (15 LM, 1 Wlm, 15 fM, 1 KM) 4x
Faden abschneiden und vernähen.

ARME (2x)

Mit Natur beginnen.
1. Rd: 6 fM in Fadenring, KM (= 6 M)
2. Rd: 1 LM, (1x zun, 2 fM) 2x, KM (= 8 M)
3. Rd: 1 LM, 8 fM, KM (= 8 M)
Zu Schwarz wechseln.
4. Rd: 1 LM, 8 fM, KM (= 8 M)
5. Rd: 8 KM (= 8 M)
Faden abschneiden und vernähen.

BEINE (2x)

Mit Schwarz beginnen.
1. Rd: 6 fM in Fadenring, KM (= 6 M)
Zu Natur wechseln.
2. Rd: 1 LM, (1x zun, 2 fM) 2x, KM (= 8 M)
3. Rd: 1 LM, 8 fM, KM (= 8 M)
Faden abschneiden und vernähen.
1 Rd KM zwischen der 1. und 2. Rd in Schwarz häkeln.

OHREN (2x)

Mit Rosa beginnen.
1. Rd: 4 fM in Fadenring (= 4 M)
2. Rd: (1x zun, 1 fM) 2x (= 6 M)
3. Rd: (1x zun, 2 fM) 2x (= 8 M)
Zu Weiß wechseln.
4. Rd: (2x zun, 2 fM) 2x (= 12 M)
5. Rd: (1x zun, 2 fM) 4x (= 16 M)
6.–10. Rd: 16 fM (= 16 M)
11. Rd: 16 fM, KM (= 16 M)
Faden etwas länger abschneiden.
Ohr halbieren, sodass sich die hint Schlaufen gegenüberliegen, und mit Fadenrest die hint Schlaufen zusammennähen Abb. 2.
Ohr erneut halbieren und die sich nun gegenüberliegenden vord Schlaufen ebenfalls zusammennähen Abb. 3 Abb. 4.

2

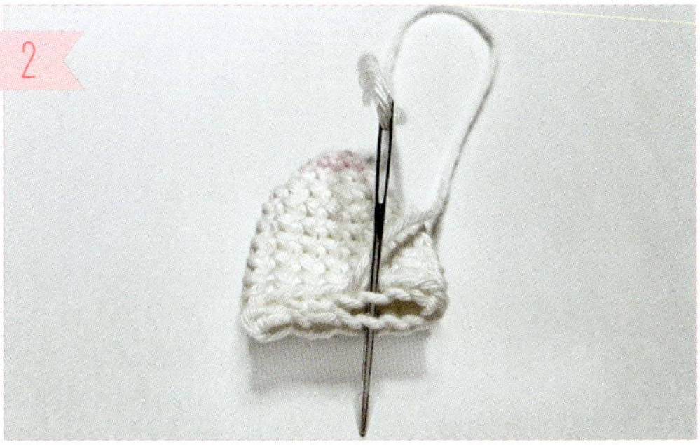

3

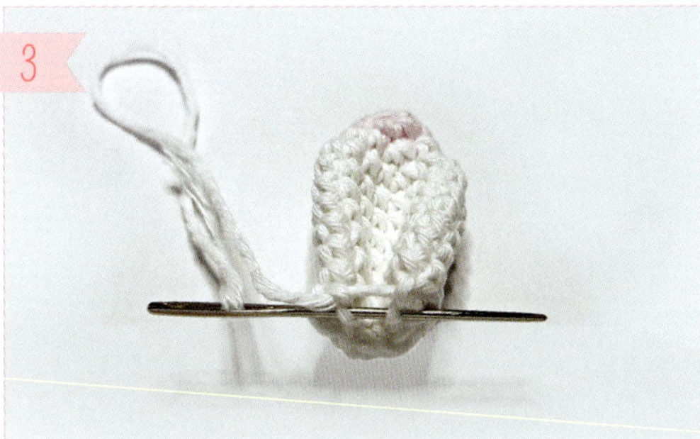

4

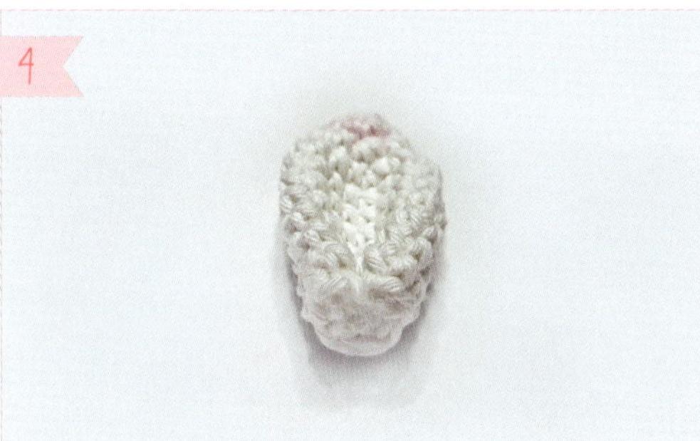

SCHWANZ (in Weiß häkeln)

1. Rd: 6 fM in Fadenring (= 6 M)
2. Rd: (1x zun, 2 fM) 2x (= 8 M)
3. Rd: 8 fM, KM (= 8 M)
Faden abschneiden, durch die hint Schlaufen der 3. Rd fädeln Abb. 5, festziehen Abb. 6 und vernähen.

EINZELTEILE ZUSAMMENFÜGEN

1. Kleid zu etwa einem Drittel mit Styroporkügelchen füllen, dann mit Füllwatte stopfen und an den Kopf nähen (vgl. BUTA S. 15, Abb. 16).
2. Arme und Beine an den Körper nähen. Die Beine müssen dabei plan mit der Unterseite des Körpers abschließen (vgl. BUTA S. 15, Abb. 17).
3. Die beiden LM-Stränge der Schürze auf dem Rücken überkreuzen und zwischen der 7. und 8. Rd anknoten.
4. Schwanz annähen. Darauf achten, dass er wie die Beine plan mit der Unterseite des Körpers abschließt.
5. Ohren annähen.
6. Haare zunächst oben am Kopf festnähen, dann mit Nähgarn die unteren 12 Haarsträhnen, anschließend die oberen 12 Haarsträhnen punktuell annähen (vgl. BUTA S. 15, Abb. 18 und 19).

5

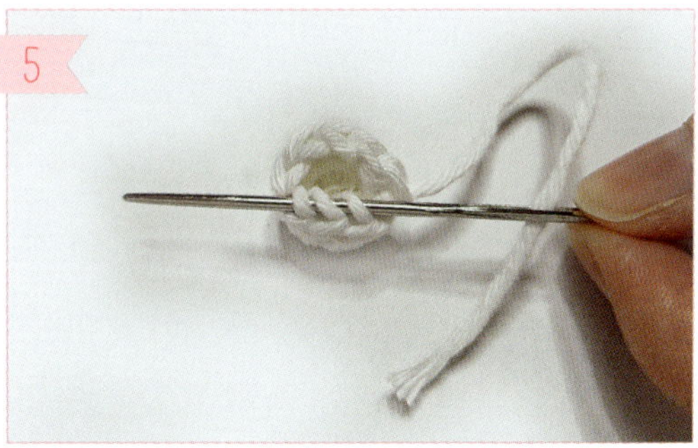

6

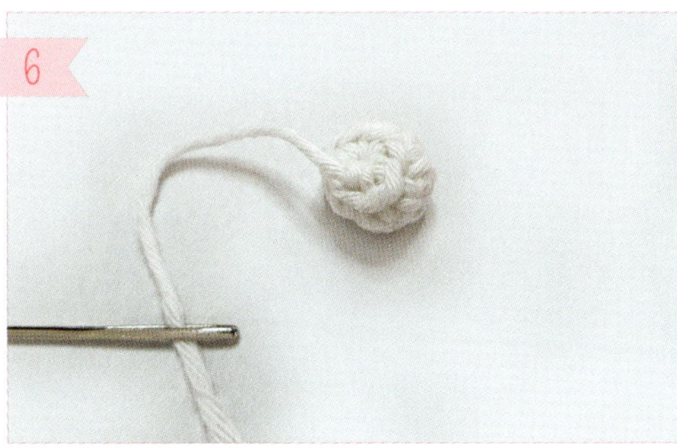

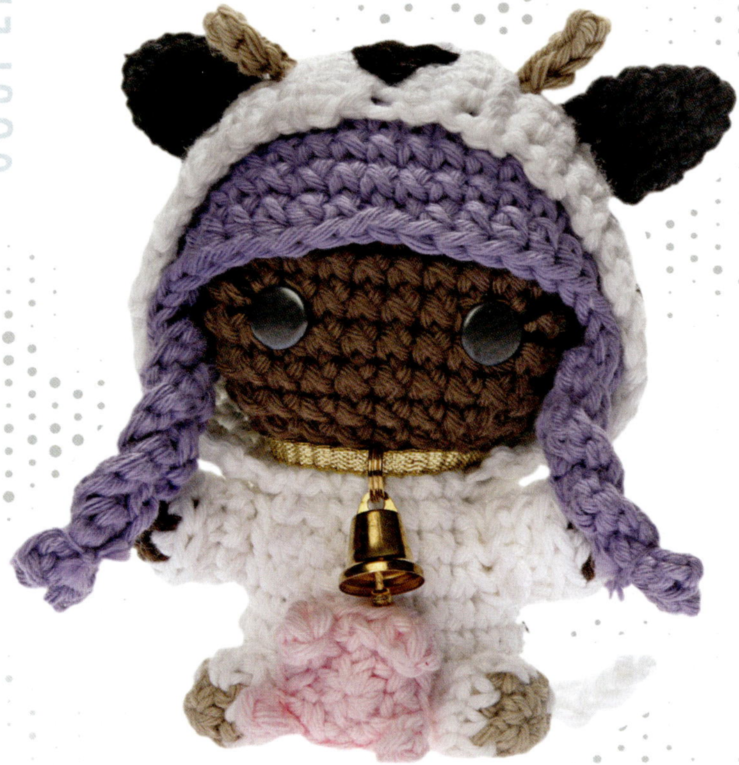

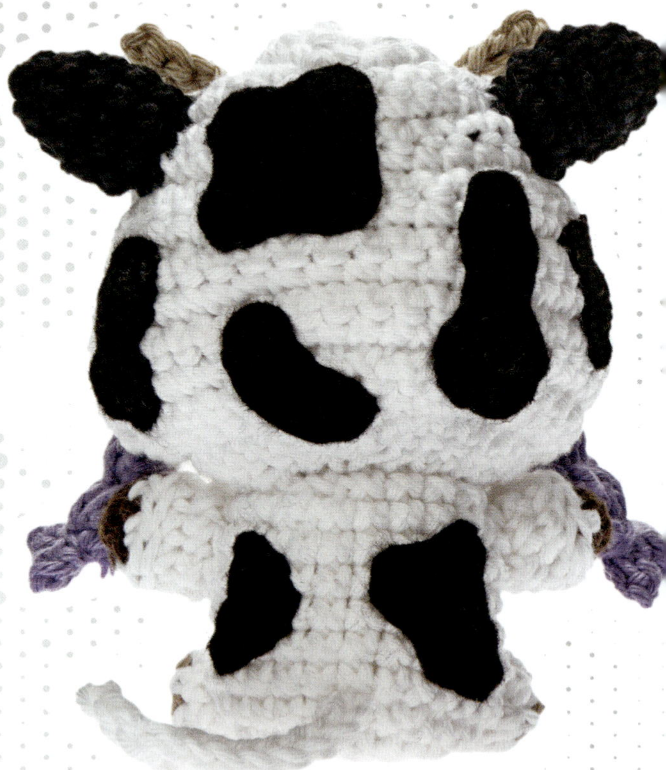

USHI

DIE KUH MAG KEINE SCHOKOLADE,
DAFÜR VERDRÜCKT SIE UNMENGEN AN HOT-CHILLI-CHIPS.

GRÖSSE:
CA. 11 CM

MATERIAL

- Kurtenbach „Twister Curly 8 uni" (100 % Baumwolle, LL 85 m/50 g), in Braun (Fb. 88), Hellila (Fb. 43), Rosa (Fb. 30) und Kamel (Fb. 39)
- Wolle Rödel „Cotton Universal" (100 % Baumwolle, LL 85 m/50 g), Weiß (Fb. 38) und Schwarz (Fb. 39)
- Häkelnadel 3,5 mm
- Stickgarn in Schwarz
- Sticknadel
- Wollnadel zum Vernähen
- 2 Hohlnieten, 9 mm, für die Augen
- Füllwatte
- Styroporkügelchen
- Filzrest, 1mm dick, in Schwarz
- Textilkleber
- 1 kleine Glocke

KÖRPER (in Weiß häkeln)

1. Rd: 6 fM in Fadenring (= 6 M)
2. Rd: 6x zun (= 12 M)
3. Rd: (2x zun, 1 fM) 4x (= 20 M)
4. Rd: (1x zun, 4 fM) 4x (= 24 M)
5.–9. Rd: 24 fM (= 24 M)
10. Rd: (4 fM, 1x abn) 4x (= 20 M)
11. Rd: (8 fM, 1x abn) 2x (= 18 M)
12. Rd: 18 fM, KM (= 18 M)
Faden abschneiden und vernähen Abb. 1.

KOPF (in Braun häkeln, vgl. BUTA S. 13, Abb. 4–6)

1. Rd: 6 fM in Fadenring, KM (= 6 M)
2. Rd: 1 LM, 6x zun, KM (= 12 M)
3. Rd: 1 LM, 2 fM, 3x zun, 4 fM, 2x zun, 1 fM, KM (= 17 M)

1

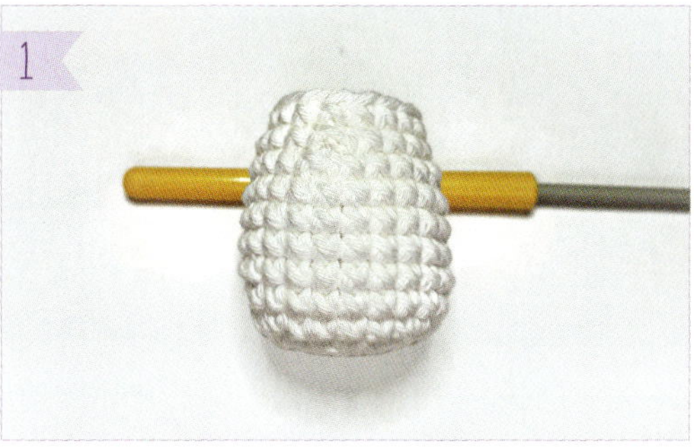

4. Rd: 1 LM, 2 fM, 1x zun, 3 fM, 1x zun, 4 fM, 1x zun, 3 fM, 1x zun, 1 fM, KM (= 21 M)
5. Rd: 1 LM, 2 fM, 1x zun, 3 fM, 1x zun, 6 fM, 1x zun, 3 fM, 1x zun, 3 fM, KM (= 25 M)
6. Rd: 1 LM, 2 fM, 1x zun, 3 fM, 1x zun, 8 fM, 1x zun, 3 fM, 1x zun, 5 fM, KM (= 29 M)
7.–10. Rd: 1 LM, 29 fM, KM (= 29 M)
11. Rd: 1 LM, 2 fM, 1x abn, 8 fM, 1x abn, 3 fM, 1x abn, 8 fM, 1x abn, KM (= 25 M)
Wimpern mit schwarzem Stickgarn wie ein schräges V über eine Länge von je 2 M aufsticken.
Augen zwischen der 9. und 10. Rd in einem Abstand von 6 M einsetzen.
Die Augen sollten jetzt auf dem gleichen Punkt liegen wie die Spitze des Wimpern-Vs. Abb. 2
12. Rd: 1 LM, 1 fM, 1x abn, 6 fM, 1x abn, 3 fM, 1x abn, 6 fM, 1x abn, 1 fM, KM (= 21 M)
13. Rd: 1 LM, 1x abn, 4 fM, 1x abn, 3 fM, 1x abn, 4 fM, 1x abn, 2 fM, KM (= 17 M)
Kopf mit Füllwatte stopfen.
14. Rd: 1 LM, 4 fM, 3x abn, 3 fM, 2x abn, KM (= 12 M)
15. Rd: 6x abn, KM (= 6 M)
Faden abschneiden und vernähen.

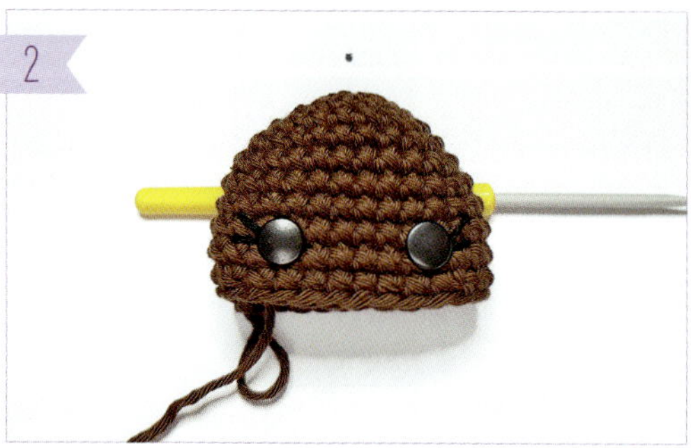
2

HAARE (in Helllila häkeln)

1. Rd: 6 fM in Fadenring (= 6 M)
2. Rd: 6x zun (= 12 M)
3. Rd: 1 fM, 3x zun, 3 fM, 3x zun, 2 fM (= 18 M)
4. Rd: (1x zun, 2 fM) 6x (= 24 M)
5. Rd: 2 fM, (1x zun, 5 fM) 3x, 1x zun, 3 fM (= 28 M)
6. Rd: 3 fM, (1x zun, 6 fM) 3x, 1x zun, 3 fM (= 32 M)
7. Rd: 7 fM, 1x zun, 15 fM, 1x zun, 8 fM (= 34 M)
8. und 9. Rd: 34 fM (= 34 M) Abb. 3
Im Folgenden immer auf der Unterseite der LM zurückhäkeln:
10. Rd: in vord Schlaufen 6 fM, (1 hStb, 15 LM, 1 Wlm, 15 KM) 3x, 6 hStb, 1 fM, 2 KM, 1 fM, 6 hStb, (15 LM, 1 Wlm, 15 KM, 1 hStb) 3x, 6 fM, KM
Faden abschneiden und vernähen.
Je 3 Haarsträhnen flechten. Einen Wollfaden in Helllila längs halbieren und damit die beiden Zopfenden jeweils zubinden Abb. 4 .

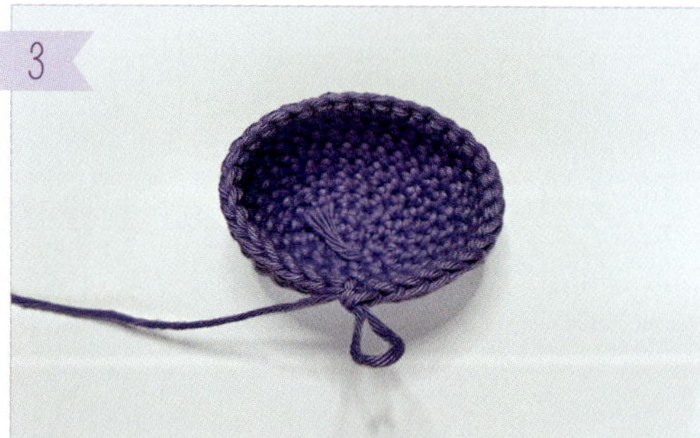
3

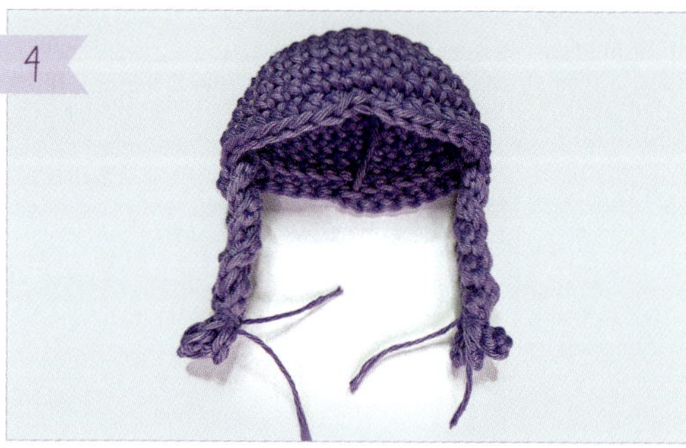
4

KAPUZE (in Weiß häkeln)

9 LM, 1 Wlm anschl
1. R: 8 fM, 1x zun, dann auf der Unterseite der LM zurückhäkeln 1x zun, 8 fM, 1 Wlm (= 20 M)
2. R: 9 fM, 2x zun, 9 fM, 1 Wlm (= 22 M)
3. R: 10 fM, 2x zun, 10 fM, 1 Wlm (= 24 M)
4.–13. R: 24 fM, 1 Wlm (= 24 M)
14. R: 10 fM, 2x abn, 10 fM (= 22 M)
15. R: 9 fM, 2x abn, 9 fM (= 20 M)
16. R: 8 fM, 2x abn, 8 fM, LM (= 18 M)
Faden abschneiden und vernähen Abb. 5 .

ARME (2x)

Mit Braun beginnen.
1. Rd: 6 fM in Fadenring, KM (= 6 M)
Zu Weiß wechseln.
2. Rd: 1 LM, (1x zun, 2 fM) 2x, KM (= 8 M)
3. und 4. Rd: 1 LM, 8 fM, KM (= 8 M)
Faden abschneiden und vernähen.
1 Rd KM zwischen der 2. und 3. Rd in Weiß häkeln Abb. 6 .

BEINE (2x)

Mit Kamel beginnen.
1. Rd: 6 fM in Fadenring, KM (= 6 M)
Zu Weiß wechseln.
2. Rd: 1 LM, (1x zun, 2 fM) 2x, KM (= 8 M)
3. Rd: 1 LM, 8 fM, KM (= 8 M)
Faden abschneiden und vernähen Abb. 7 .

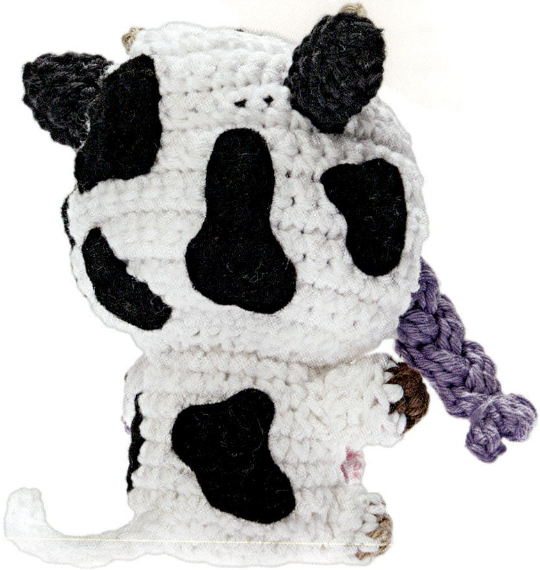

6

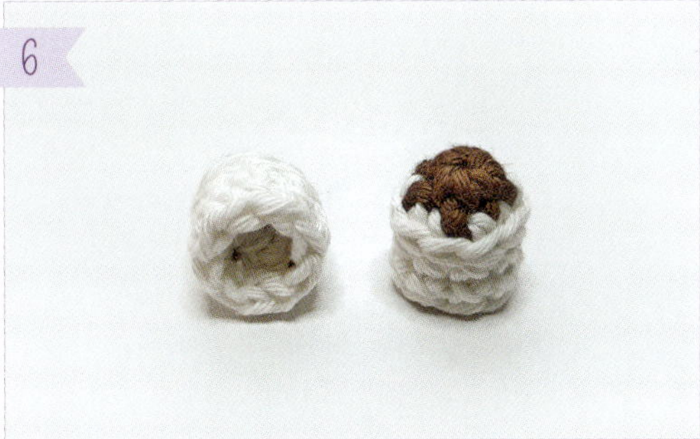

5

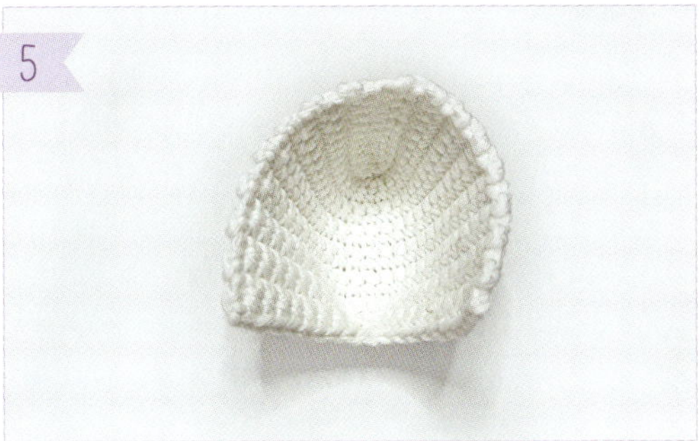

7

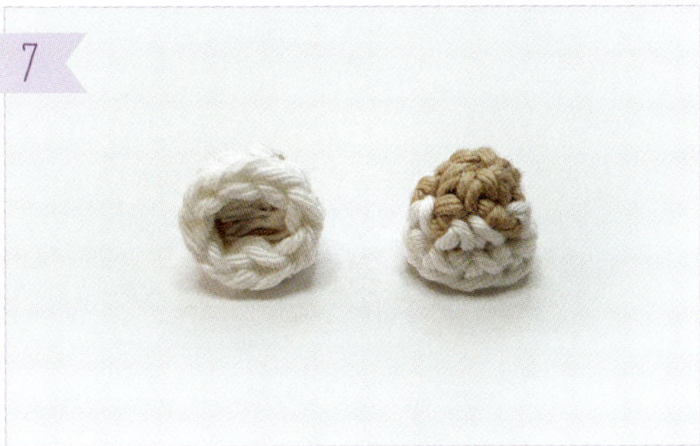

OHREN (2x in Schwarz häkeln)

1. Rd: 4 fM in Fadenring (= 4 M)
2. Rd: (1x zun, 1 fM) 2x (= 6 M)
3. Rd: (1x zun, 2 fM) 2x (= 8 M)
4. Rd: 8 fM (= 8 M)
5. Rd: 8 fM, KM (= 8 M)
Faden abschneiden und vernähen Abb. 8 .

HÖRNER (2x in Kamel häkeln)

3 LM, 1 Wlm anschl
1. R: auf der Unterseite zurückhäkeln
3 KM, LM
Faden abschneiden und aus der LM ziehen Abb. 9 .

SCHWANZ (in Weiß häkeln)

10 LM, 2 Wlm anschl
1. R: auf der Unterseite zurückhäkeln 1 KM, 1 fM, 1 Stb, 7 KM, LM
Faden abschneiden und aus der LM ziehen Abb. 10 .

EUTER (in Rosa häkeln)

1. Rd: 6 fM in Fadenring (= 6 M)
2. Rd: 6x zun, KM (= 12 M)
Faden abschneiden und vernähen.

Zitzen (4x)
1 LM, 1 Wlm anschl
1. R: auf der Unterseite zurückhäkeln
1 KM, LM
Faden abschneiden und aus der LM ziehen Abb. 11 . Zitzen in die 1. Rd knoten Abb. 12 .

8

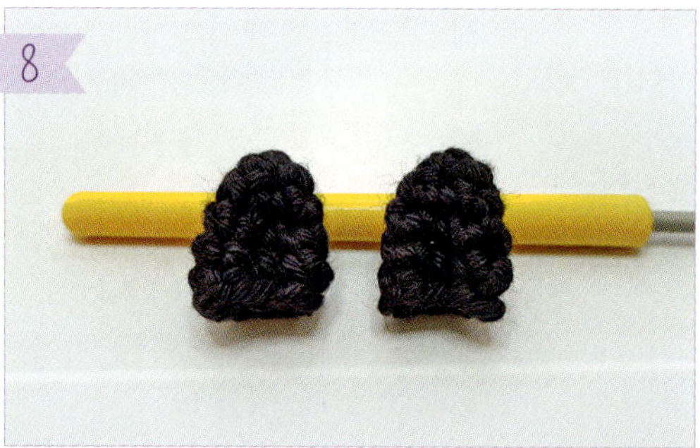

9

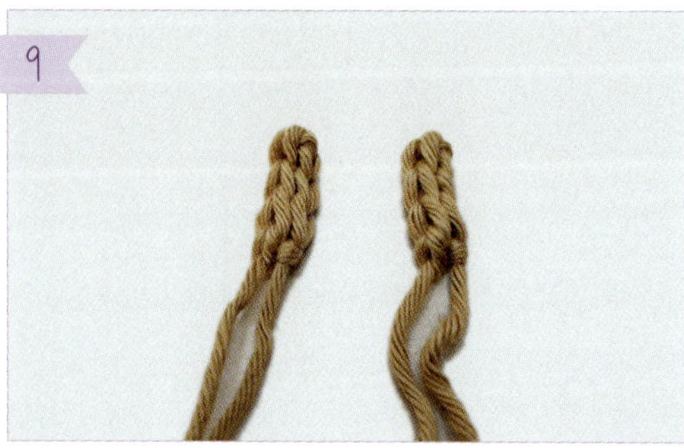

10

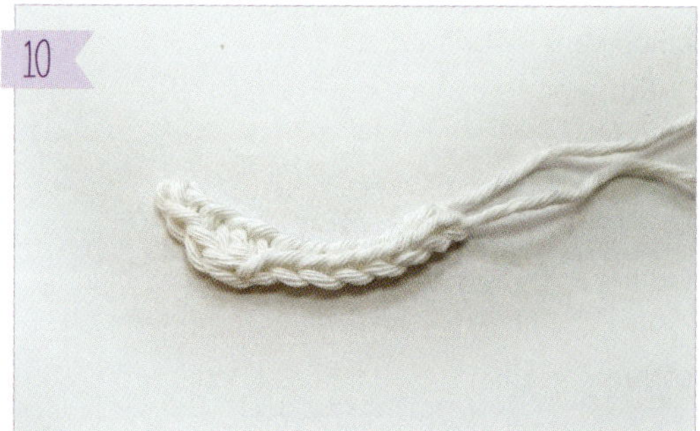

11

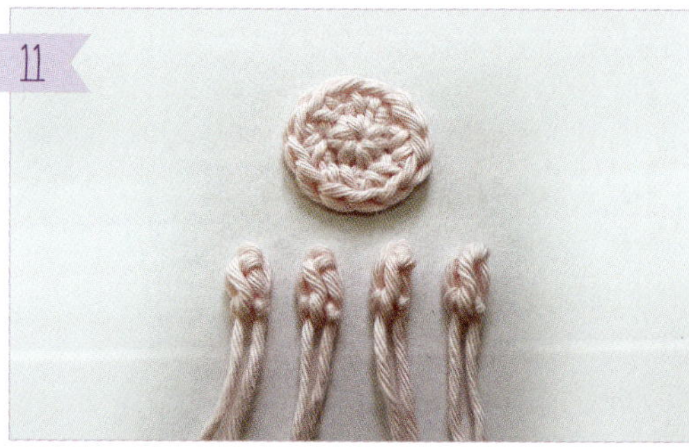

12

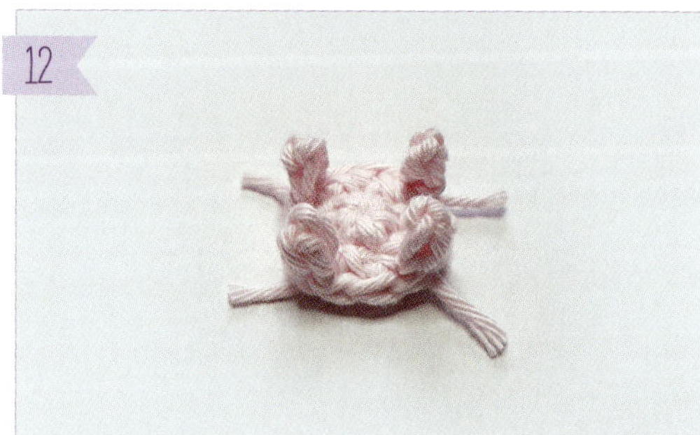

EINZELTEILE ZUSAMMENFÜGEN

1. Körper zu etwa einem Drittel mit Styroporkügelchen füllen, dann mit Füllwatte stopfen und an den Kopf nähen Abb. 13.

2. Hint Schlaufen der Haare aufnähen Abb. 14.

3. Kapuze annähen Abb. 15.

4. Hint Schlaufen des Euters aufnähen.

5. Arme und Beine an den Körper nähen. Die Beine müssen dabei plan mit der Unterseite des Körpers abschließen Abb. 16.

6. Schwanz anknoten.

7. Ohren auf die Kapuze nähen, Hörner anknoten.

8. Kuhflecken aus schwarzem Filz ausschneiden und auf den Rücken und die Kapuze kleben.

9. Die Glocke um den Hals der Kuh binden.

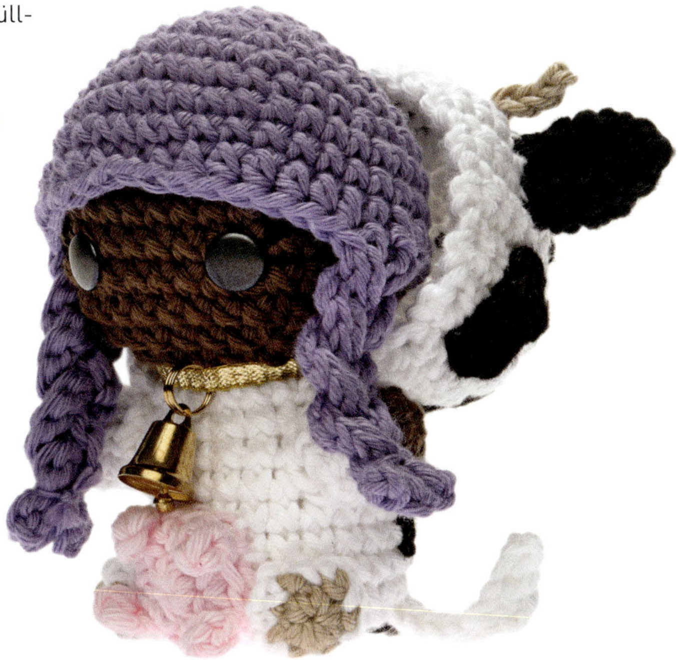

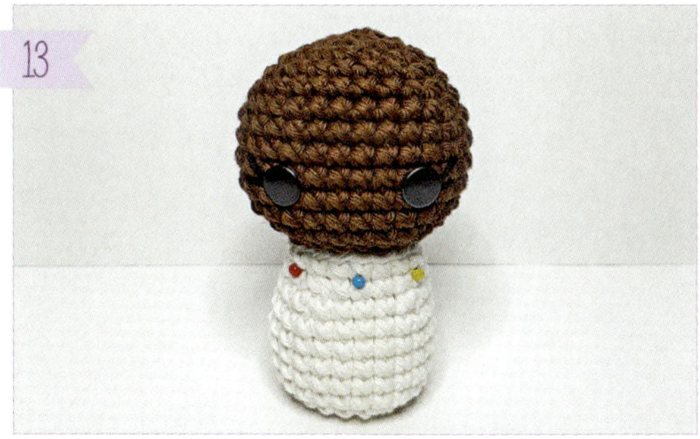

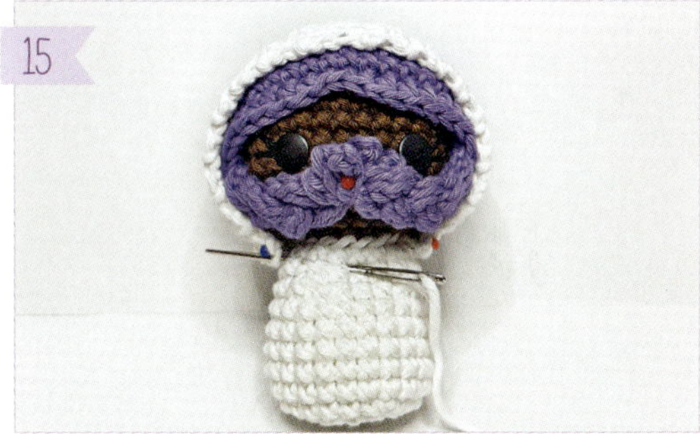

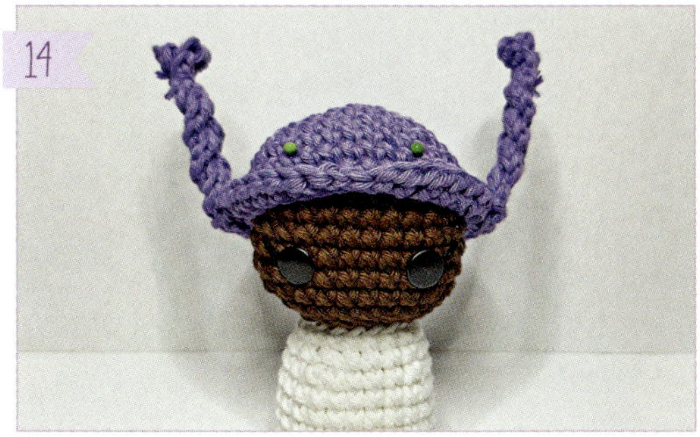

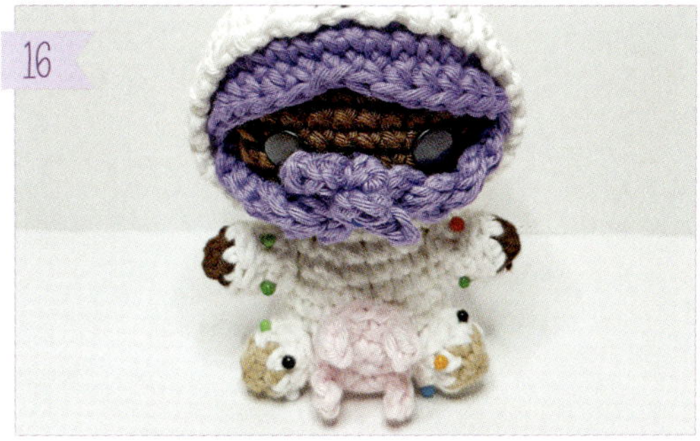

KŌMORI

DER FLEDERMÄUSERICH HÖRT NEBEN METAL UND GOTHIC HEIMLICH VOLKSMUSIK UND SINGT GERN KARAOKE.

GRÖSSE:
CA. 14,5 CM

MATERIAL

- Kurtenbach „Twister Curly 8 uni“ (100 % Baumwolle, LL 85 m/50 g), in Rot (Fb. 35)
- Wolle Rödel „Cotton Universal“ (100 % Baumwolle, LL 85 m/50 g), in Schwarz (Fb. 39) und Weiß (Fb. 38)
- Häkelnadel 3,5 mm
- Stickgarn in Schwarz und Weiß
- Sticknadel
- Wollnadel zum Vernähen
- 2 Hohlnieten, 9 mm, für die Augen
- Füllwatte
- Styroporkügelchen
- Nähgarn in Rot
- Nähnadel

KÖRPER (in Schwarz häkeln)

1. Rd: 6 fM in Fadenring (= 6 M)
2. Rd: 6x zun (= 12 M)
3. Rd: (2x zun, 1 fM) 4x (= 20 M)
4. Rd: (1x zun, 4 fM) 4x (= 24 M)
5.–9. Rd: 24 fM (= 24 M)
10. Rd: (4 fM, 1x abn) 4x (= 20 M)
11. Rd: (8 fM, 1x abn) 2x (= 18 M)
12. Rd: 18 fM, KM (= 18 M)
Faden abschneiden und vernähen.

KOPF (in Weiß häkeln, vgl. BUTA S. 13, Abb. 4–6)

1. Rd: 6 fM in Fadenring, KM (= 6 M)
2. Rd: 1 LM, 6x zun, KM (= 12 M)
3. Rd: 1 LM, 2 fM, 3x zun, 4 fM, 2x zun, 1 fM, KM (= 17 M)
4. Rd: 1 LM, 2 fM, 1x zun, 3 fM, 1x zun, 4 fM, 1x zun, 3 fM, 1x zun, 1 fM, KM (= 21 M)
5. Rd: 1 LM, 2 fM, 1x zun, 3 fM, 1x zun, 6 fM, 1x zun, 3 fM, 1x zun, 3 fM, KM (= 25 M)
6. Rd: 1 LM, 2 fM, 1x zun, 3 fM, 1x zun, 8 fM, 1x zun, 3 fM, 1x zun, 5 fM, KM (= 29 M)
7.–10. Rd: 1 LM, 29 fM, KM (= 29 M)
11. Rd: 1 LM, 2 fM, 1x abn, 8 fM, 1x abn, 3 fM, 1x abn, 8 fM, 1x abn, KM (= 25 M)
Augen zwischen der 9. und 10. Rd in einem Abstand von 6 M einsetzen.
12. Rd: 1 LM, 1 fM, 1x abn, 6 fM, 1x abn, 3 fM, 1x abn, 6 fM, 1x abn, 1 fM, KM (= 21 M)
13. Rd: 1 LM, 1x abn, 4 fM, 1x abn, 3 fM, 1x abn, 4 fM, 1x abn, 2 fM, KM (= 17 M)

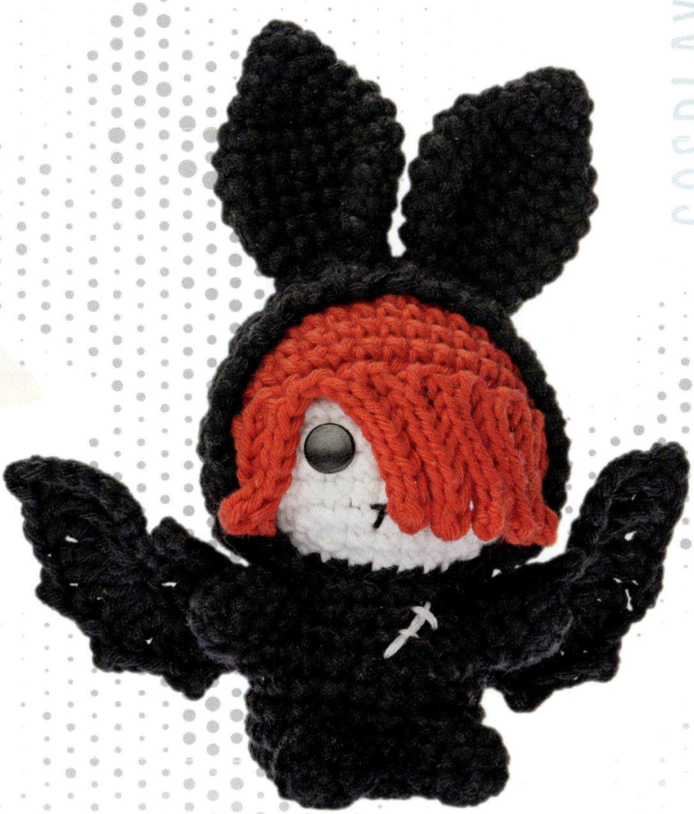

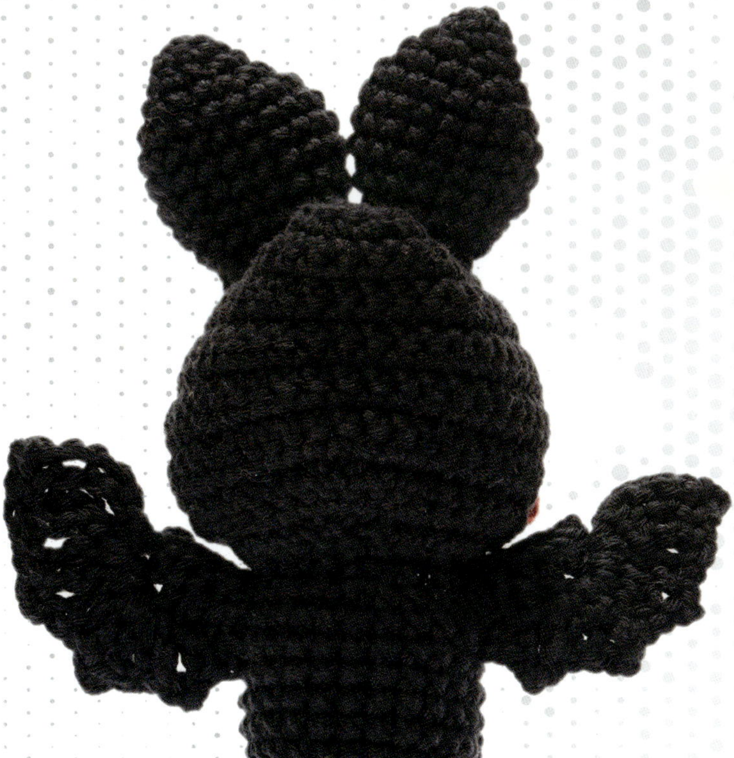

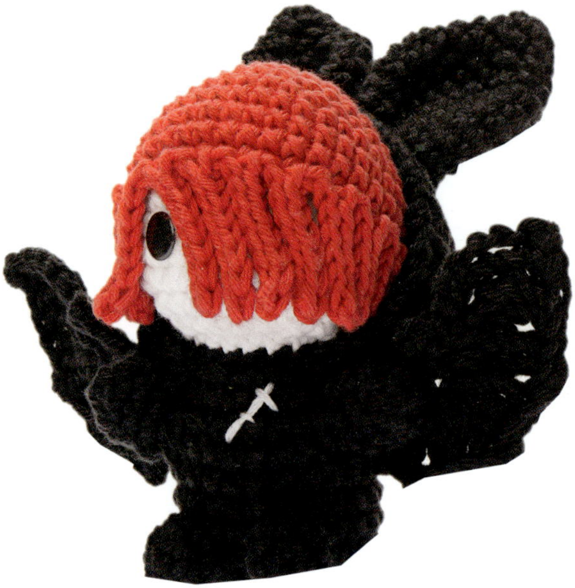

Kopf mit Füllwatte stopfen.
14. Rd: 1 LM, 4 fM, 3x abn, 3 fM, 2x abn, KM (= 12 M)
15. Rd: 6x abn, KM (= 6 M)
Faden abschneiden und vernähen.

HAARE (in Rot häkeln, vgl. USHI S. 54, Abb. 3 und 4)

1. Rd: 6 fM in Fadenring (= 6 M)
2. Rd: 6x zun (= 12 M)
3. Rd: 1 fM, 3x zun, 3 fM, 3x zun, 2 fM (= 18 M)
4. Rd: (1x zun, 2 fM) 6x (= 24 M)
5. Rd: 2 fM, (1x zun, 5 fM) 3x, 1x zun, 3 fM (= 28 M)
6. Rd: 3 fM, (1x zun, 6 fM) 3x, 1x zun, 3 fM (= 32 M)
7. Rd: 7 fM, 1x zun, 15 fM, 1x zun, 8 fM (= 34 M)
8. und 9. Rd: 34 fM (= 34 M)
Im Folgenden immer auf der Unterseite der LM zurückhäkeln:
10. Rd: 1 KM, 1 LM, 1 Wlm, 1 KM, 1 KM in 2 M gleichzeitig*, 2 LM, 1 Wlm, 2 KM, 1 KM in 2 M gleichzeitig*, 3 LM, 1 Wlm, 3 KM, 1 KM in 2 M gleichzeitig*, 4 LM, 1 Wlm, 4 KM, 1 KM in 2 M gleichzeitig*, 5 LM, 1 Wlm, 5 KM, 1 KM in 2 M gleichzeitig*, 6 LM, 1 Wlm, 6 KM, 1 KM in 2 M gleichzeitig*, 7 LM, 1 Wlm, 7 KM, 1 KM in 2 M gleichzeitig*, (8 LM, 1 Wlm, 8 KM, 1 KM in 2 M gleichzeitig*) 3x, 7 LM, 1 Wlm, 7 KM, 1 KM in 2 M gleichzeitig*, 6 LM, 1 Wlm, 6 KM, 1 KM in 2 M gleichzeitig*, 5 LM, 1 Wlm, 5 KM, 1 KM in 2 M gleichzeitig*, 4 LM, 1 Wlm, 4 KM, 1 KM in 2 M gleichzeitig*, 3 LM, 1 Wlm, 3 KM, 1 KM in 2 M gleichzeitig*, 2 LM, 1 Wlm, 2 KM, 1 KM in 2 M gleichzeitig*, 1 LM, 1 Wlm, 1 KM, 1 KM in 2 M gleichzeitig*, KM
Faden abschneiden und vernähen.
(* vgl. unsichtbares Abnehmen)

KAPUZE (in Schwarz häkeln)

9 LM, 1 Wlm anschl
1. R: 8 fM, 1x zun, dann auf der Unterseite der LM zurückhäkeln 1x zun, 8 fM, 1 Wlm (= 20 M)
2. R: 9 fM, 2x zun, 9 fM, 1 Wlm (= 22 M)
3. R: 10 fM, 2x zun, 10 fM, 1 Wlm (= 24 M)
4.–13. R: 24 fM, 1 Wlm (= 24 M)
14. R: 10 fM, 2x abn, 10 fM (= 22 M)
15. R: 9 fM, 2x abn, 9 fM (= 20 M)
16. R: 8 fM, 2x abn, 8 fM, LM (= 18 M)
Faden abschneiden und vernähen.

ARME (2x in Schwarz häkeln)

1. Rd: 6 fM in Fadenring, KM (= 6 M)
2. Rd: 1 LM, (1x zun, 2 fM) 2x, KM (= 8 M)
3. und 4. Rd: 1 LM, 8 fM, KM (= 8 M)
Faden abschneiden und vernähen.

BEINE (2x in Schwarz häkeln)

1. Rd: 6 fM in Fadenring, KM (= 6 M)
2. Rd: 1 LM, (1x zun, 2 fM) 2x, KM (= 8 M)
3. Rd: 1 LM, 8 fM, KM (= 8 M)
Faden abschneiden und vernähen.

OHREN (2x in Schwarz häkeln, vgl. BUTA S. 14, Abb. 13 und 14)

1. Rd: 4 fM in Fadenring (= 4 M)
2. Rd: (1x zun, 1 fM) 2x (= 6 M)
3. Rd: (1x zun, 2 fM) 2x (= 8 M)
4. Rd: (2x zun, 2 fM) 2x (= 12 M)
5. Rd: (1x zun, 2 fM) 4x (= 16 M)
6. Rd: (1x zun, 7 fM) 2x (= 18 M)
7.–9. Rd: 18 fM (= 18 M)
10. Rd: (1x abn, 5 fM, 1x abn) 2x (= 14 M)
11. Rd: 14 fM, KM (= 14 M)
Faden etwas länger abschneiden.
Ohr halbieren, sodass sich die hint Schlaufen gegenüberliegen, und mit Fadenrest die hint Schlaufen zusammennähen.

FLÜGEL (2x in Schwarz häkeln)

6 LM, 1 Wlm anschl
1. R: auf der Unterseite zurückhäkeln 1 KM, 5 fM, 2 Wlm
2. R: 1 hStb, 2 Stb, 1 hStb, 1 fM, 7 LM, 1 Wlm
3. R: 1 KM, 6 LM überspr, (1 4fStb, 2 3fStb, 2 DStb) in 1 M, [1 LM, 1 KM in vord Schlaufe des DStb, (1 DStb, 1 Stb, 1 DStb) in 1 M] 2x, 1 LM, 1 KM in vord Schlaufe des DStb, 1 Stb, 1 fM, LM
Faden abschneiden und aus der LM ziehen Abb. 1.

EINZELTEILE ZUSAMMENFÜGEN

1. Körper zu etwa einem Drittel mit Styroporkügelchen füllen, dann mit Füllwatte stopfen und an den Kopf nähen (vgl. USHI S. 57, Abb. 13).
2. Mund und kleine Vampirzähne mit schwarzem Stickgarn aufs Gesicht sticken Abb. 2.
3. Hint Schlaufen der Haare aufnähen (vgl. USHI S. 57, Abb. 14). Einzelne Haarsträhnen mit Nähgarn punktuell am Kopf festnähen Abb. 3.
4. Kapuze annähen (vgl. USHI S. 57, Abb. 15).
5. Arme und Beine an den Körper nähen. Die Beine müssen dabei plan mit der Unterseite des Körpers abschließen (vgl. USHI S. 57, Abb. 16).
6. Ohren auf die Kapuze nähen.
7. Flügel annähen.
8. Narbe mit weißem Stickgarn in Höhe des Herzens auf die Brust sticken.

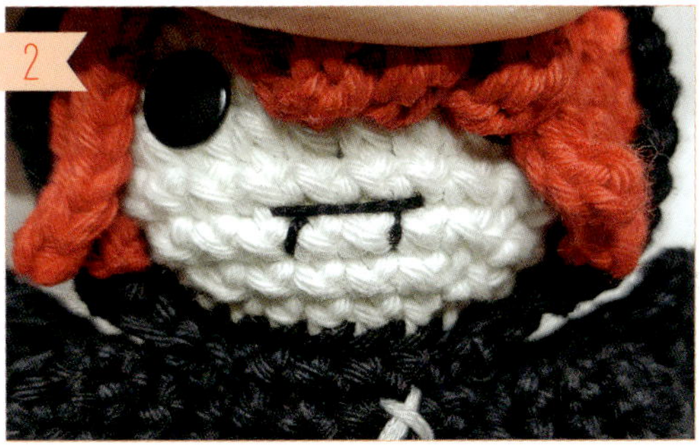

2

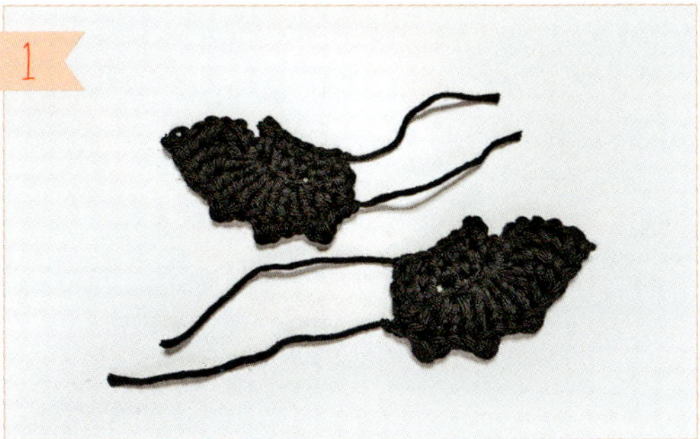

1

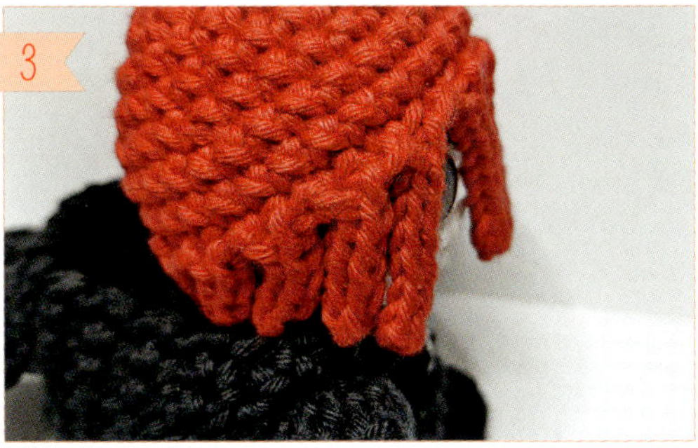

3

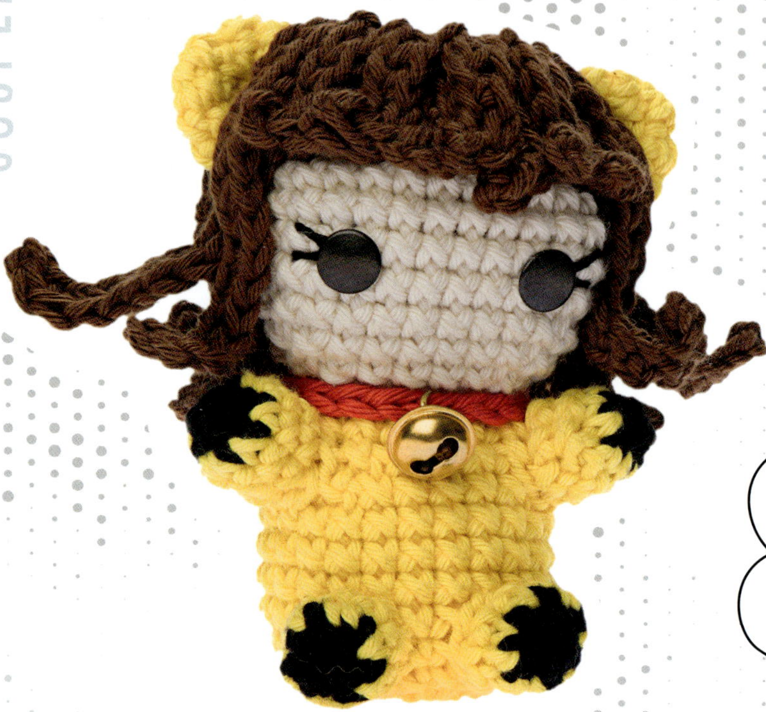

GRÖSSE:
CA. 9,5 CM

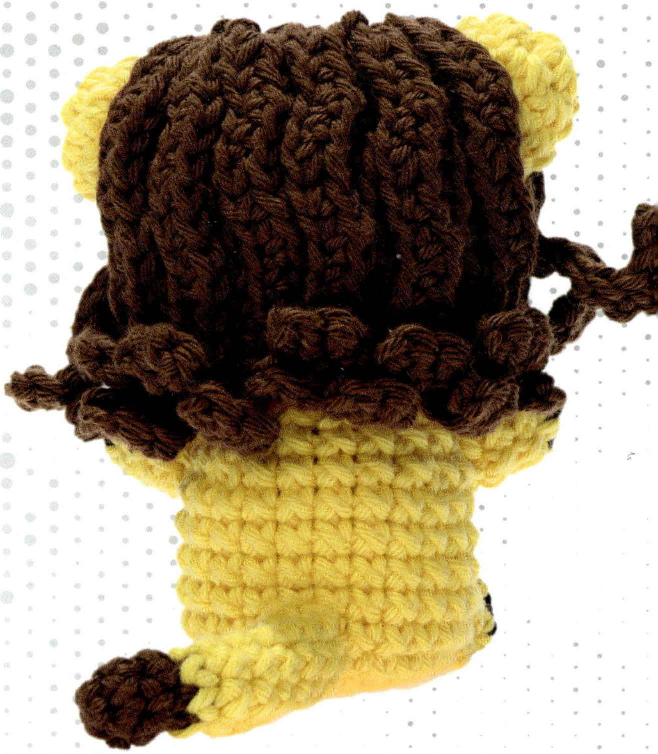

SHISHI

DIE LÖWIN LIEGT GERN STUNDENLANG FAUL IN DER SONNE, WEIL DANN IHR FELL SCHÖN HELLBLOND WIRD.

MATERIAL

- Kurtenbach „Twister Curly 8 uni" (100 % Baumwolle, LL 85 m/50 g), in Braun (Fb. 88)
- Wolle Rödel „Cotton Universal" (100 % Baumwolle, LL 85 m/50 g), in Natur (Fb. 31), Banane (Fb. 34) und Schwarz (Fb. 39)
- Rico Design „Creative cotton aran" (100 % Baumwolle, LL 85 m/50 g) in Kirsche (Fb. 65)
- Häkelnadel 3,5 mm
- Stickgarn in Schwarz
- Sticknadel
- Wollnadel zum Vernähen
- 2 Hohlnieten, 9 mm, für die Augen
- Füllwatte
- Styroporkügelchen
- Nähgarn in Braun
- Nähnadel
- 1 kleine Schelle

KÖRPER (in Banane häkeln)

1. Rd: 6 fM in Fadenring (= 6 M)
2. Rd: 6x zun (= 12 M)
3. Rd: (2x zun, 1 fM) 4x (= 20 M)
4. Rd: (1x zun, 4 fM) 4x (= 24 M)
5.–9. Rd: 24 fM (= 24 M)
10. Rd: (4 fM, 1x abn) 4x (= 20 M)
11. Rd: (8 fM, 1x abn) 2x (= 18 M)
12. Rd: 18 fM, KM (= 18 M)
Faden abschneiden und vernähen.

KOPF (in Natur häkeln, vgl. BUTA S. 13, Abb. 4–6)

1. Rd: 6 fM in Fadenring, KM (= 6 M)
2. Rd: 1 LM, 6x zun, KM (= 12 M)
3. Rd: 1 LM, 2 fM, 3x zun, 4 fM, 2x zun, 1 fM, KM (= 17 M)
4. Rd: 1 LM, 2 fM, 1x zun, 3 fM, 1x zun, 4 fM, 1x zun, 3 fM, 1x zun, 1 fM, KM (= 21 M)
5. Rd: 1 LM, 2 fM, 1x zun, 3 fM, 1x zun, 6 fM, 1x zun, 3 fM, 1x zun, 3 fM, KM (= 25 M)
6. Rd: 1 LM, 2 fM, 1x zun, 3 fM, 1x zun, 8 fM, 1x zun, 3 fM, 1x zun, 5 fM, KM (= 29 M)
7.–10. Rd: 1 LM, 29 fM, KM (= 29 M)
11. Rd: 1 LM, 2 fM, 1x abn, 8 fM, 1x abn, 3 fM, 1x abn, 8 fM, 1x abn, KM (= 25 M)
Wimpern mit schwarzem Stickgarn wie ein schräges V über eine Länge von je 2 M aufsticken.
Augen zwischen der 9. und 10. Rd in einem Abstand von 6 M einsetzen.
Die Augen sollten jetzt auf dem gleichen

Punkt liegen wie die Spitze des Wimpern-Vs.
12. Rd: 1 LM, 1 fM, 1x abn, 6 fM, 1x abn, 3 fM, 1x abn, 6 fM, 1x abn, 1 fM, KM (= 21 M)
13. Rd: 1 LM, 1x abn, 4 fM, 1x abn, 3 fM, 1x abn, 4 fM, 1x abn, 2 fM, KM (= 17 M)
Kopf mit Füllwatte stopfen.
14. Rd: 1 LM, 4 fM, 3x abn, 3 fM, 2x abn, KM (= 12 M)
15. Rd: 6x abn, KM (= 6 M)
Faden abschneiden und vernähen.

HAARE (in Braun häkeln, vgl. BUTA S. 13, Abb. 7–9)

1. Rd: 6 fM in Fadenring (= 6 M)
2. Rd: 6x zun, KM in vord Schlaufe (= 12 M)
Im Folgenden immer auf der Unterseite der LM zurückhäkeln:
3. Rd: in vord Schlaufen der 2. Rd [16 LM, 1 Wlm, 1 KM, (1x zun, 1 fM, 1x abn, 1 fM) 3x, 1 KM] 4x, (6 LM, 1 Wlm, 1 KM, 1x zun, 1 fM, 1x abn, 1 fM, 1 KM) 4x, [16 LM, 1 Wlm, 1 KM, (1x zun, 1 fM, 1x abn, 1 fM) 3x, 1 KM] 4x
4. Rd: in hint Schlaufen der 2. Rd [16 LM, 1 Wlm, 1 KM, (1x zun, 1 fM, 1x abn, 1 fM) 3x, 1 KM] 4x, (6 LM, 1 Wlm, 1 KM, 1x zun, 1 fM, 1x abn, 1 fM, 1 KM) 4x, [16 LM, 1 Wlm, 1 KM, (1x zun, 1 fM, 1x abn, 1 fM) 3x, 1 KM] 4x
Faden abschneiden und vernähen.

ARME (2x)

Mit Schwarz beginnen.
1. Rd: 6 fM in Fadenring, KM (= 6 M)
Zu Banane wechseln.
2. Rd: 1 LM, (1x zun, 2 fM) 2x, KM (= 8 M)
3. und 4. Rd: 1 LM, 8 fM, KM (= 8 M)
Faden abschneiden und vernähen.

BEINE (2x)

Mit Schwarz beginnen.
1. Rd: 6 fM in Fadenring, KM (= 6 M)
Zu Banane wechseln.
2. Rd: 1 LM, (1x zun, 2 fM) 2x, KM (= 8 M)
3. Rd: 1 LM, 8 fM, KM (= 8 M)
Faden abschneiden und vernähen.

OHREN (2x in Banane häkeln, vgl. BUTA S. 14, Abb. 13 und 14)

1. Rd: 6 fM in Fadenring (= 6 M)
2. Rd: 6x zun (= 12 M)
3. Rd: 12 fM (= 12 M)
4. Rd: 12 fM, KM (= 12 M)
Faden etwas länger abschneiden.
Ohr halbieren, sodass sich die hint Schlaufen gegenüberliegen, und mit Fadenrest die hint Schlaufen zusammennähen.

SCHWANZ

Mit Braun beginnen.
1. Rd: 4 fM in Fadenring (= 4 M)
2. Rd: (1x zun, 1 fM) 2x (= 6 M)
3. Rd: 6 fM (= 6 M)
Einen Faden durch die hint Schlaufen der 3. Rd fädeln und zusammenziehen Abb. 1.
Zu Banane wechseln.
4. Rd: in vord Schlaufen 6 fM (= 6 M) Abb. 2
5.–9. Rd: 6 fM (= 6 M)
10. Rd: 6 fM, KM (= 6 M)
Faden abschneiden und vernähen Abb. 3.

1
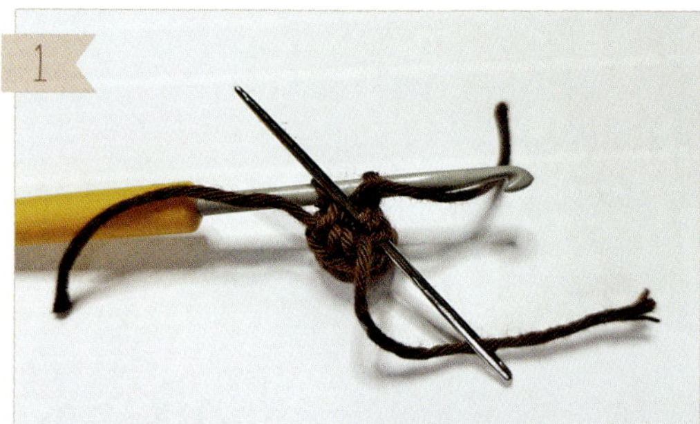

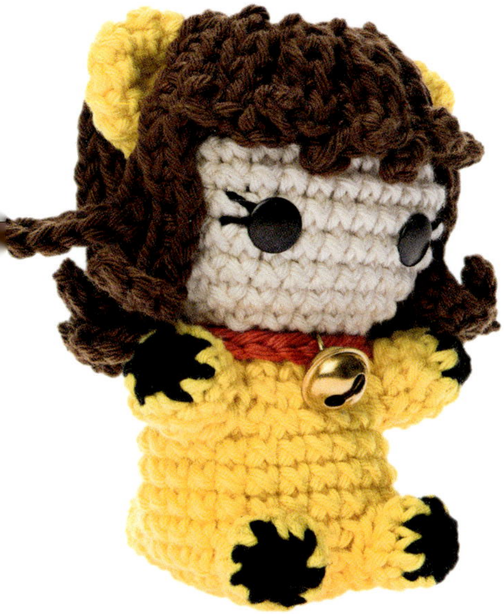

HALSBAND (in Kirsche häkeln)

ca. 18 LM häkeln, dabei die Schelle in die mittlere LM einarbeiten Abb. 4.
Faden abschneiden und aus der LM ziehen Abb. 5.

EINZELTEILE ZUSAMMENFÜGEN

1. Körper zu etwa einem Drittel mit Styroporkügelchen füllen, dann mit Füllwatte stopfen und an den Kopf nähen (vgl. USHI S. 57, Abb. 13).
2. Arme und Beine an den Körper nähen. Die Beine müssen dabei plan mit der Unterseite des Körpers abschließen (vgl. USHI S. 57, Abb. 16).
3. Schwanz annähen. Darauf achten, dass er wie die Beine plan mit der Unterseite des Körpers abschließt.
4. Ohren annähen.
5. Halsband um den Hals legen und die beiden Endfäden im Nacken vernähen.
6. Haare zunächst oben am Kopf festnähen, dann mit Nähgarn die unteren 12 Haarsträhnen, anschließend die oberen 12 Haarsträhnen punktuell annähen (vgl. BUTA S. 15, Abb. 18 und 19).

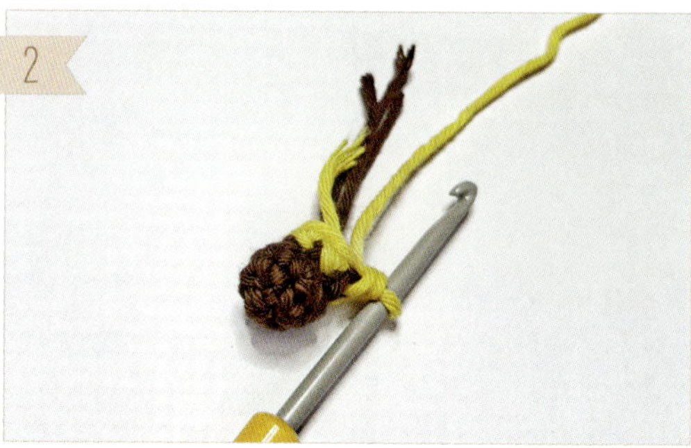
2

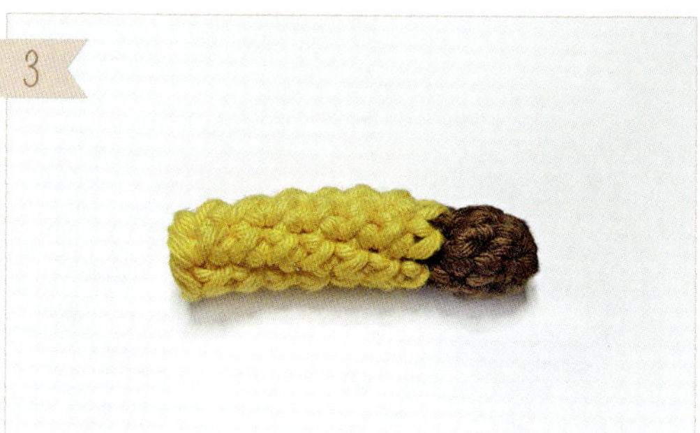
3

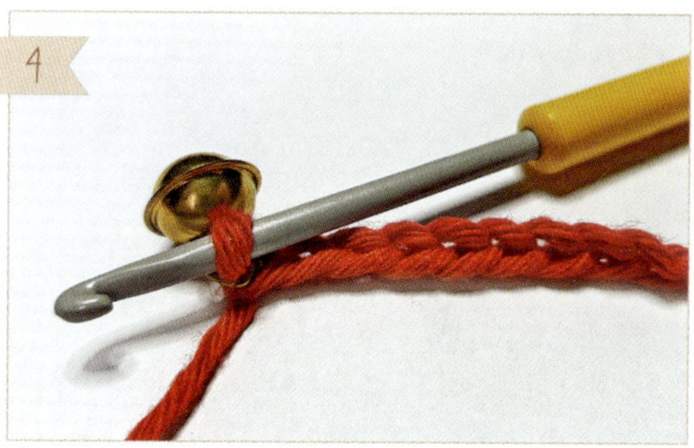
4

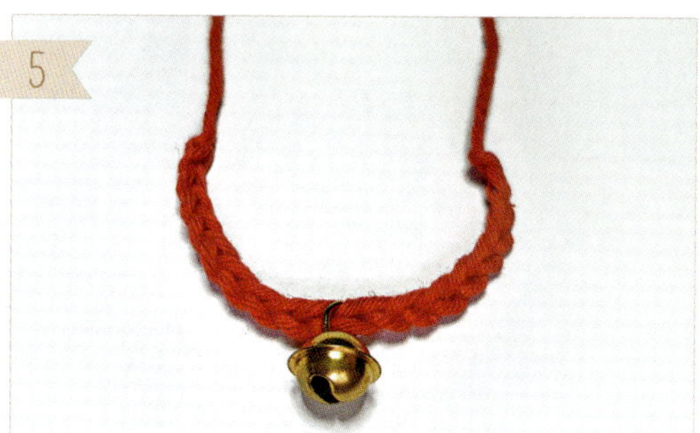
5

YUNIKŌN

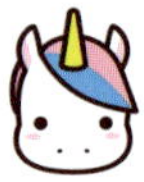

DIE EINHORNSTUTE MALT AM LIEBSTEN
MIT PASTELLFARBEN UND WÄRE GERN UNSTERBLICH.

KÖRPER (in Weiß häkeln)

1. Rd: 6 fM in Fadenring (= 6 M)
2. Rd: 6x zun (= 12 M)
3. Rd: (2x zun, 1 fM) 4x (= 20 M)
4. Rd: (1x zun, 4 fM) 4x (= 24 M)
5.– 9. Rd: 24 fM (= 24 M)
10. Rd: (4 fM, 1x abn) 4x (= 20 M)
11. Rd: (8 fM, 1x abn) 2x (= 18 M)
12. Rd: 18 fM, KM (= 18 M)
Faden abschneiden und vernähen.

KOPF (in Natur häkeln, vgl. BUTA S. 13, Abb. 4–6)

1. Rd: 6 fM in Fadenring, KM (= 6 M)
2. Rd: 1 LM, 6x zun, KM (= 12 M)
3. Rd: 1 LM, 2 fM, 3x zun, 4 fM, 2x zun, 1 fM, KM (= 17 M)
4. Rd: 1 LM, 2 fM, 1x zun, 3 fM, 1x zun, 4 fM, 1x zun, 3 fM, 1x zun, 1 fM, KM (= 21 M)
5. Rd: 1 LM, 2 fM, 1x zun, 3 fM, 1x zun, 6 fM, 1x zun, 3 fM, 1x zun, 3 fM, KM (= 25 M)
6. Rd: 1 LM, 2 fM, 1x zun, 3 fM, 1x zun, 8 fM, 1x zun, 3 fM, 1x zun, 5 fM, KM (= 29 M)
7.– 10. Rd: 1 LM, 29 fM, KM (= 29 M)
11. Rd: 1 LM, 2 fM, 1x abn, 8 fM, 1x abn, 3 fM, 1x abn, 8 fM, 1x abn, KM (= 25 M)
Wimpern mit schwarzem Stickgarn wie ein schräges V über eine Länge von je 2 M aufsticken.
Augen zwischen der 9. und 10. Rd in einem Abstand von 6 M einsetzen.
Die Augen sollten jetzt auf dem gleichen Punkt liegen wie die Spitze des Wimpern-Vs.
12. Rd: 1 LM, 1 fM, 1x abn, 6 fM, 1x abn, 3 fM, 1x abn, 6 fM, 1x abn, 1 fM, KM (= 21 M)
13. Rd: 1 LM, 1x abn, 4 fM, 1x abn, 3 fM, 1x abn, 4 fM, 1x abn, 2 fM, KM (= 17 M)
Kopf mit Füllwatte stopfen.
14. Rd: 1 LM, 4 fM, 3x abn, 3 fM, 2x abn, KM (= 12 M)
15. Rd: 6x abn, KM (= 6 M)
Faden abschneiden und vernähen.

HAARE (in Schwarz häkeln, vgl. USHI S. 54, Abb. 3)

1. Rd: 6 fM in Fadenring (= 6 M)
2. Rd: 6x zun (= 12 M)
3. Rd: 1 fM, 3x zun, 3 fM, 3x zun, 2 fM (= 18 M)
4. Rd: (1x zun, 2 fM) 6x (= 24 M)
5. Rd: 2 fM, (1x zun, 5 fM) 3x, 1x zun, 3 fM (= 28 M)
6. Rd: 3 fM, (1x zun, 6 fM) 3x, 1x zun, 3 fM (= 32 M)
7. Rd: 7 fM, 1x zun, 15 fM, 1x zun, 8 fM (= 34 M)
8. Rd: 34 fM (= 34 M)
9. Rd: 34 fM, KM (= 34 M)
Faden abschneiden und vernähen.

GRÖSSE:
CA. 12 CM

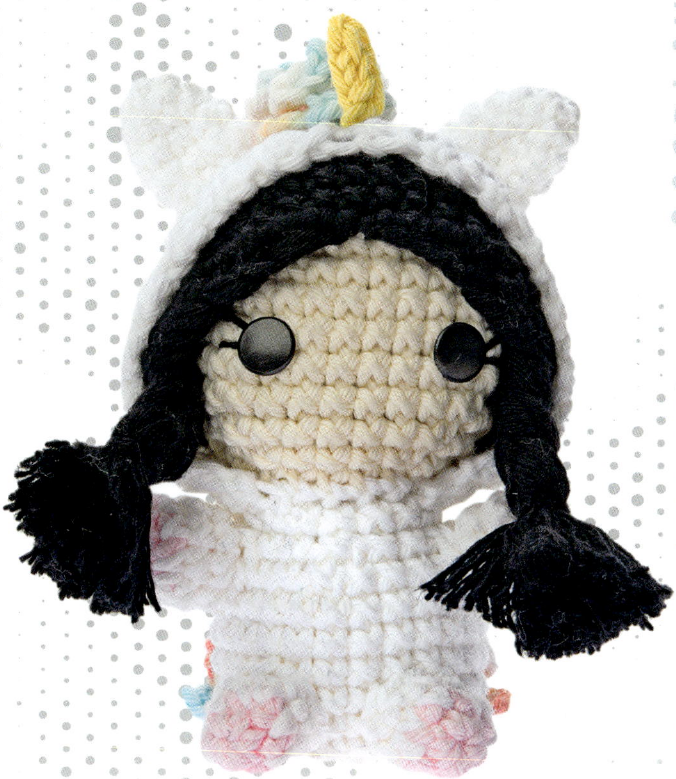

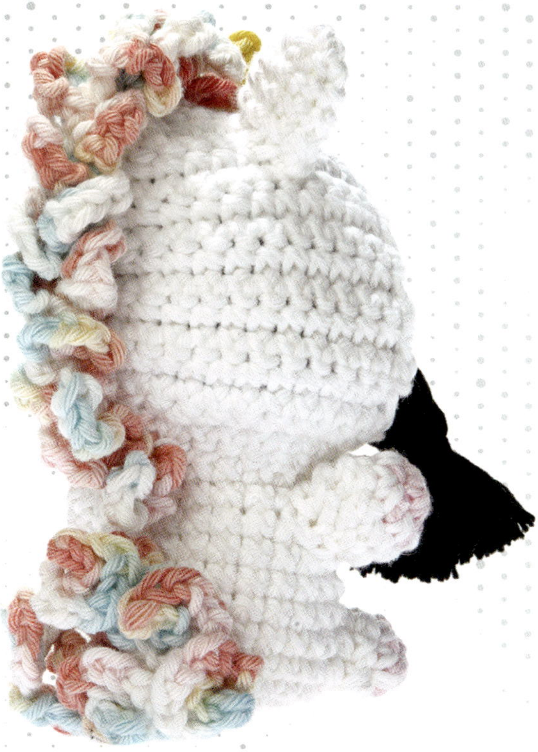

MATERIAL

- Kurtenbach „Twister Curly 8 uni“ (100 % Baumwolle, LL 85 m/50 g) in Rosa (Fb. 30)
- Wolle Rödel „Cotton Universal“ (100 % Baumwolle, LL 85 m/50 g) in Natur (Fb. 31), Weiß (Fb. 38), Schwarz (Fb. 39) und Hellgelb (Fb. 58)
- Rico Design „Creative cotton print aran“ (100 % Baumwolle, LL 85 m/50 g) in Pastell-Rosa (Fb. 1)
- Häkelnadel 3,5 mm
- Stickgarn in Schwarz
- Sticknadel
- Wollnadel zum Vernähen
- 2 Hohlnieten, 9 mm, für die Augen
- Füllwatte
- Styroporkügelchen

KAPUZE (in Weiß häkeln)
9 LM, 1 Wlm anschl
1. R: 8 fM, 1x zun, dann auf der Unterseite der LM zurückhäkeln 1x zun, 8 fM, 1 Wlm (= 20 M)
2. R: 9 fM, 2x zun, 9 fM, 1 Wlm (= 22 M)
3. R: 10 fM, 2x zun, 10 fM, 1 Wlm (= 24 M)
4.–13. R: 24 fM, 1 Wlm (= 24 M)
14. R: 10 fM, 2x abn, 10 fM (= 22 M)
15. R: 9 fM, 2x abn, 9 fM (= 20 M)
16. R: 8 fM, 2x abn, 8 fM, LM (= 18 M)
Faden abschneiden und vernähen.

ARME (2x)
Mit Rosa beginnen.
1. Rd: 6 fM in Fadenring, KM (= 6 M)
Zu Weiß wechseln.
2. Rd: 1 LM, (1x zun, 2 fM) 2x, KM (= 8 M)
3. und 4. Rd: 1 LM, 8 fM, KM (= 8 M)
Faden abschneiden und vernähen.

BEINE (2x)
Mit Rosa beginnen.
1. Rd: 6 fM in Fadenring, KM (= 6 M)
Zu Weiß wechseln.
2. Rd: 1 LM, (1x zun, 2 fM) 2x, KM (= 8 M)
3. Rd: 1 LM, 8 fM, KM (= 8 M)
Faden abschneiden und vernähen.

OHREN (2x in Weiß häkeln, vgl. USHI S. 56, Abb. 8)
1. Rd: 4 fM in Fadenring (= 4 M)
2. Rd: (1x zun, 1 fM) 2x (= 6 M)
3. Rd: (1x zun, 2 fM) 2x (= 8 M)
4. Rd: 8 fM (= 8 M)
5. Rd: 8 fM, KM (= 8 M)
Faden abschneiden und vernähen.

SCHWEIF (in Pastell-Rosa häkeln)
1 Rd: 6 fM in Fadenring, KM (= 6 M)
2 Rd: (9 LM, 1 Wlm, 1 KM, [3 KM in 1 LM] 8x, 1 KM) 6x
Faden abschneiden.
Faden durch eine Schlaufe der vorletzten KM jeder Wellensträhne fädeln Abb. 1, festziehen und durch die Mitte des Fadenrings auf die Rückseite fädeln Abb. 2.

MÄHNE (in Pastell-Rosa häkeln)
18 LM anschl
1. R: auf der Unterseite zurückhäkeln (4 LM, 1 Wlm, 1 KM, (3 KM in 1 LM) 3x, 1 KM) 18x, LM
Faden abschneiden und aus der LM ziehen Abb. 3 Abb. 4.

HORN (in Hellgelb häkeln)
3 LM, 1 Wlm anschl
1. R: auf der Unterseite zurückhäkeln 3 KM, LM
Faden abschneiden und aus der LM ziehen.

1
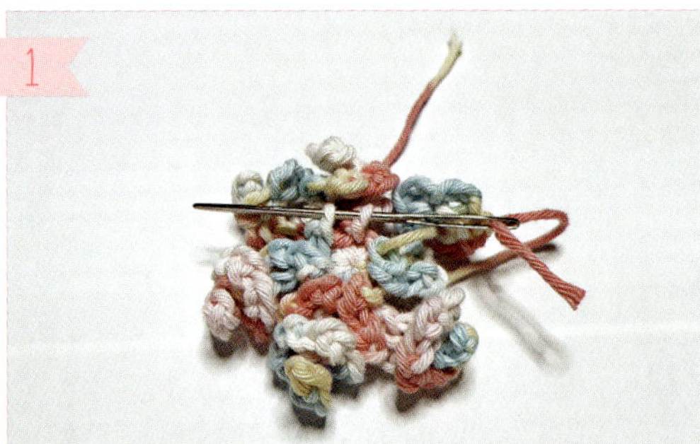

2
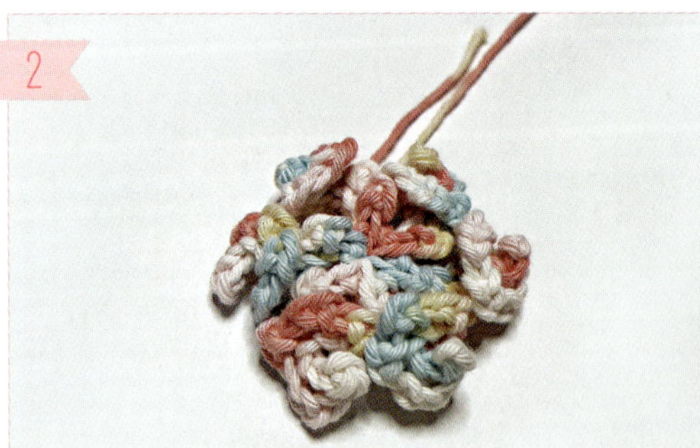

EINZELTEILE ZUSAMMENFÜGEN

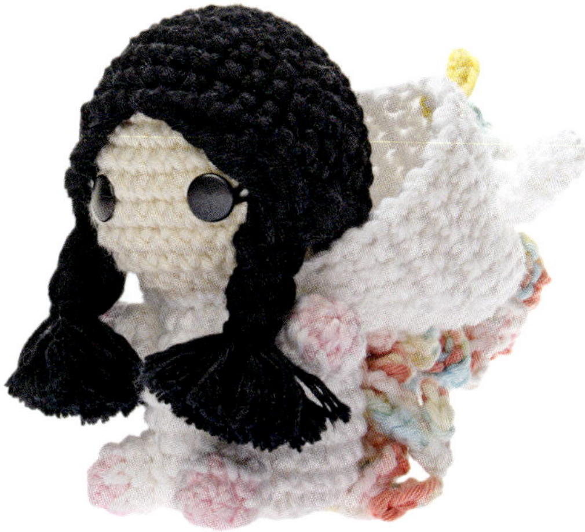

1. Körper zu etwa einem Drittel mit Styroporkügelchen füllen, dann mit Füllwatte stopfen und an den Kopf nähen (vgl. USHI S. 57, Abb. 13).
2. Hint Schlaufen der Haare aufnähen (vgl. USHI S. 57, Abb. 14).
3. Kapuze annähen (vgl. USHI S. 57, Abb. 15).
4. Arme und Beine an den Körper nähen. Die Beine müssen dabei plan mit der Unterseite des Körpers abschließen (vgl. USHI S. 57, Abb. 16).
5. In jede vord Schlaufe der Haare einen ca. 20 cm langen Wollfaden in Schwarz knüpfen (= 2 ca. 10 cm lange Haarsträhnen, vgl. KAERU S. 89, Abb. 2–4). Daraus zwei Zöpfe Französisch flechten. D. h., es wird auf jeder Seite vorne am Scheitel mit 3 Strähnen (eine Strähne = 2 Wollfäden) begonnen. Beim französischen Flechten wird ein Haarstrang (= mehrere Strähnen) immer von außen über den mittleren Haarstrang auf die andere Seite gelegt und nach jeweils 2x Flechten wird eine Strähne dazugenommen. Dies bis zur Kopfseite wiederholen. Genauso mittig vom Hinterkopf an flechten. An der Kopfseite angelangt, die übrigen Strähnen und die bereits geflochtenen Haarstränge von vorne dazunehmen und normal weiter flechten. Anschließend einen schwarzen Wollfaden längs halbieren und damit jeweils die beiden Zopfenden zubinden. Zopfenden: Jeden Wollfaden in seine Einzelfäden teilen und gleichmäßig zurückschneiden Abb. 5.
6. Schweif annähen. Darauf achten, dass er wie die Beine plan mit der Unterseite des Körpers abschließt.
7. Ohren auf die Kapuze nähen.
8. Mähne auf die Kapuze nähen. Dabei im Nacken beginnen und dann mittig auf der Kapuze festnähen.
9. Horn auf die Kapuze knoten.

3

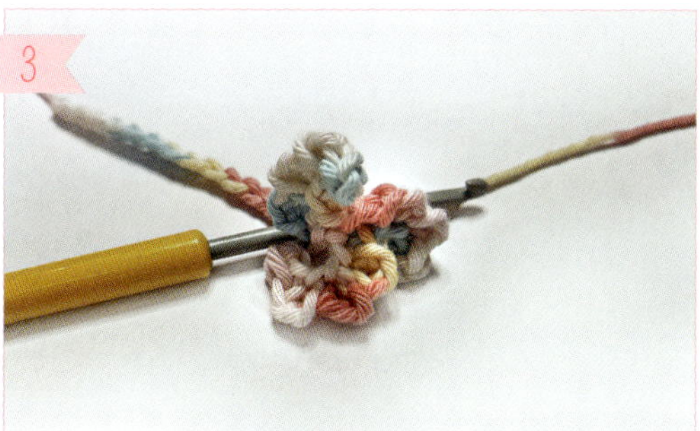

4

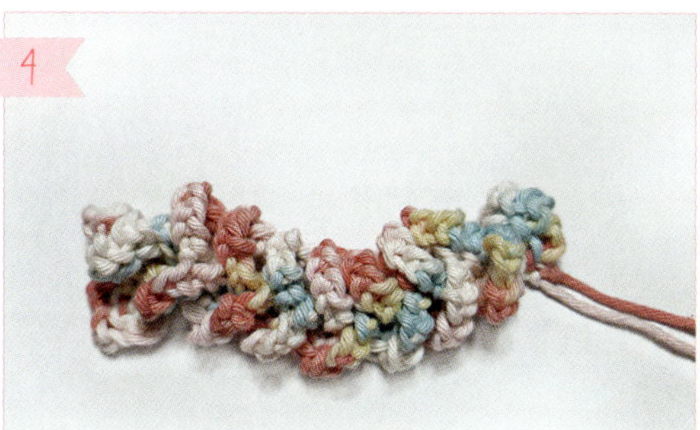

5

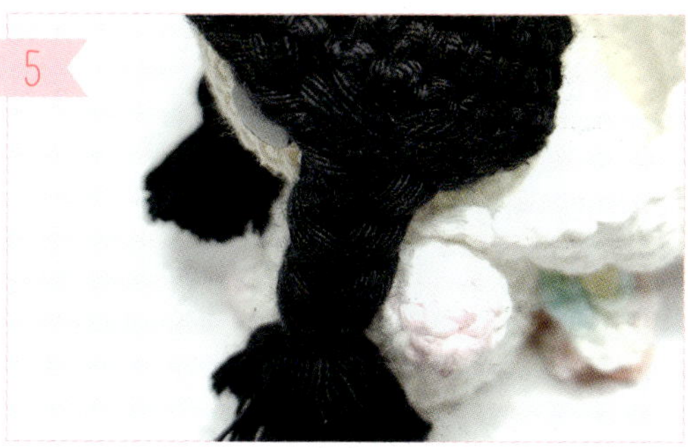

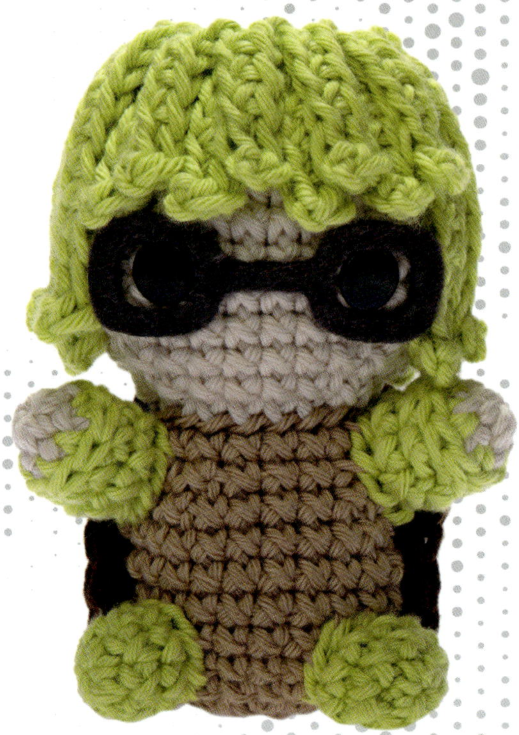

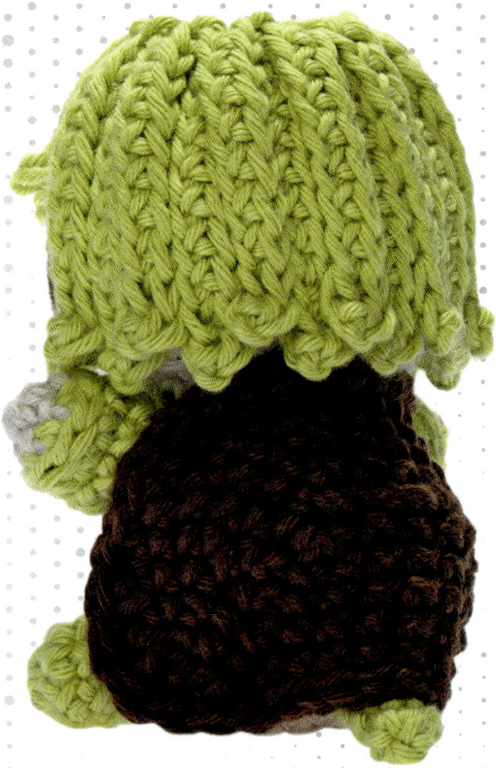

KAME

DER SCHILDKRÖTERICH IST EIN KLEINER NERD UND LIEST AM LIEBSTEN BÜCHER ÜBER DAS NAHRUNGSVERHALTEN VON AMEISEN.

GRÖSSE:
CA. 9,5 CM

MATERIAL

- Kurtenbach „Twister Curly 8 uni" (100 % Baumwolle, LL 85 m/50 g), in Kamel (Fb. 82), Braun (Fb. 88) und Pistazie (Fb. 71)
- Wolle Rödel „Cotton Universal" (100 % Baumwolle, LL 85 m/50 g), in Natur (Fb. 31)
- Häkelnadel 3,5 mm
- Wollnadel zum Vernähen
- 2 Hohlnieten, 9 mm, für die Augen
- Füllwatte
- Styroporkügelchen
- Nähgarn in Hellgrün
- Nähnadel
- Filzrest, 1 mm dick, in Grau
- Textilkleber

KÖRPER (in Kamel häkeln)

1. Rd: 6 fM in Fadenring (= 6 M)
2. Rd: 6x zun (= 12 M)
3. Rd: (2x zun, 1 fM) 4x (= 20 M)
4. Rd: (1x zun, 4 fM) 4x (= 24 M)
5.–9. Rd: 24 fM (= 24 M)
10. Rd: (4 fM, 1x abn) 4x (= 20 M)
11. Rd: (8 fM, 1x abn) 2x (= 18 M)
12. Rd: 18 fM, KM (= 18 M)
Faden abschneiden und vernähen.

KOPF (in Natur häkeln, vgl. BUTA S. 13, Abb. 4–6)

1. Rd: 6 fM in Fadenring, KM (= 6 M)
2. Rd: 1 LM, 6x zun, KM (= 12 M)
3. Rd: 1 LM, 2 fM, 3x zun, 4 fM, 2x zun, 1 fM, KM (= 17 M)
4. Rd: 1 LM, 2 fM, 1x zun, 3 fM, 1x zun, 4 fM, 1x zun, 3 fM, 1x zun, 1 fM, KM (= 21 M)
5. Rd: 1 LM, 2 fM, 1x zun, 3 fM, 1x zun, 6 fM, 1x zun, 3 fM, 1x zun, 3 fM, KM (= 25 M)
6. Rd: 1 LM, 2 fM, 1x zun, 3 fM, 1x zun, 8 fM, 1x zun, 3 fM, 1x zun, 5 fM, KM (= 29 M)
7.–10. Rd: 1 LM, 29 fM, KM (= 29 M)
11. Rd: 1 LM, 2 fM, 1x abn, 8 fM, 1x abn, 3 fM, 1x abn, 8 fM, 1x abn, KM (= 25 M)
Augen zwischen der 9. und 10. Rd in einem Abstand von 6 M einsetzen.
12. Rd: 1 LM, 1 fM, 1x abn, 6 fM, 1x abn, 3 fM, 1x abn, 6 fM, 1x abn, 1 fM, KM (= 21 M)
13. Rd: 1 LM, 1x abn, 4 fM, 1x abn, 3 fM, 1x abn, 4 fM, 1x abn, 2 fM, KM (= 17 M)

Kopf mit Füllwatte stopfen.
14. Rd: 1 LM, 4 fM, 3x abn, 3 fM, 2x abn, KM (= 12 M)
15. Rd: 6x abn, KM (= 6 M)
Faden abschneiden und vernähen.

HAARE (in Pistazie häkeln, vgl. BUTA S. 13, Abb. 7–9)

1. Rd: 6 fM in Fadenring (= 6 M)
2. Rd: 6x zun, KM in vord Schlaufe (= 12 M)
Im Folgenden immer auf der Unterseite der LM zurückhäkeln:
3. Rd: in vord Schlaufen der 2. Rd (10 LM, 1 Wlm, 10 fM, 1 KM) 4x, (6 LM, 1 Wlm, 6 fM, 1 KM) 4x, (10 LM, 1 Wlm, 10 fM, 1 KM) 4x
4. Rd: in hint Schlaufen der 2. Rd (10 LM, 1 Wlm, 10 fM, 1 KM) 4x, (6 LM, 1 Wlm, 6 fM, 1 KM) 4x, (10 LM, 1 Wlm, 10 fM, 1 KM) 4x
Faden abschneiden und vernähen.

ARME (2x)

Mit Natur beginnen.
1. Rd: 6 fM in Fadenring, KM (= 6 M)
Zu Pistazie wechseln.
2. Rd: 1 LM, (1x zun, 2 fM) 2x, KM (= 8 M)
3. und 4. Rd: 1 LM, 8 fM, KM (= 8 M)
Faden abschneiden und vernähen.
1 Rd KM zwischen der 2. und 3. Rd in Pistazie häkeln.

BEINE (2x in Pistazie häkeln)

1. Rd: 6 fM in Fadenring, KM (= 6 M)
2. Rd: 1 LM, (1x zun, 2 fM) 2x, KM (= 8 M)
3. Rd: 1 LM, 8 fM, KM (= 8 M)
Faden abschneiden und vernähen.

SCHWANZ (in Pistazie häkeln)

1. Rd: 4 fM in Fadenring (= 4 M)
2. Rd: 4 fM (= 4 M)
3. Rd: 1x zun, 3 fM (= 5 M)
4. Rd: 1x zun, 4 fM (= 6 M)
5. Rd: 1x zun, 5 fM, KM (= 7 M)
Faden abschneiden und vernähen.

PANZER (in Braun häkeln)

5 LM anschl
1. Rd: 1 LM, in hint Schlaufen 1x zun, 3 fM, 1x zun, in vord Schlaufen zurückhäkeln 1x zun, 3 fM, 1x zun, KM (= 14 M) Abb. 1
2. Rd: 1 LM, 1 fM in dies M wie die KM, 4 fM, 1x zun, 1 fM, 1x zun, 4 fM, 1x zun, 2 fM, KM (= 18 M)
3. Rd: 1 LM, 1 fM in dies M wie die KM, 5 fM, 2x zun, 1 fM, 1x zun, 5 fM, 1x zun, 1 fM, 1 zun, 1 fM, KM (= 24 M)

1
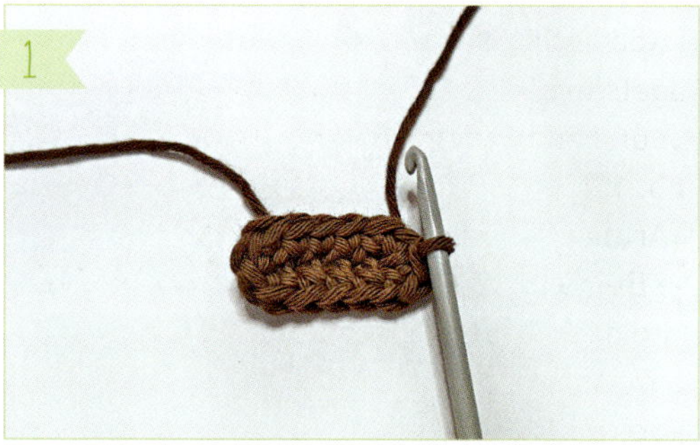

2
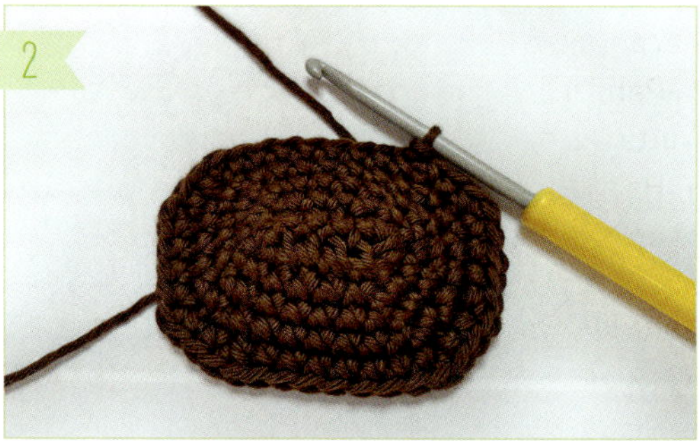

3
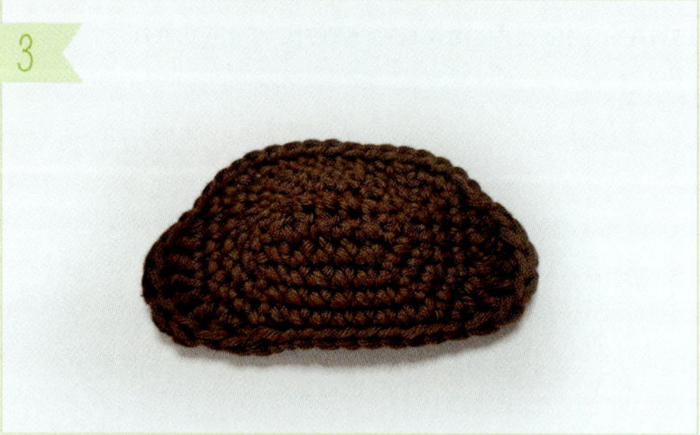

4. Rd: 1 LM, 1 fM in dies M wie die KM, 6 fM, 2x zun, 2 fM, 2x zun, 6 fM, 2x zun, 2 fM, 1x zun, 1 fM, KM (= 32 M)
5. Rd: 1 LM, 1 fM in dies M wie die KM, 7 fM, 1x zun, 1 fM, 1x zun, 3 fM, 1x zun, 1 fM, 1x zun, 7 fM, 1x zun, 1 fM, 1x zun, 3 fM, 1x zun, 2 fM, KM (= 40 M) Abb. 2
6. Rd: 8 KM, 1 fM, 1 Stb, 1 DStb, 2 DStb in 1 M, 1 DStb, 1 Stb, 1 fM, 17 KM, 1 fM, 1 Stb, 1 DStb, 2 DStb in 1 M, 1 DStb, 1 Stb, 1 fM, 1 KM (= 42 M)
Faden abschneiden und vernähen Abb. 3 .

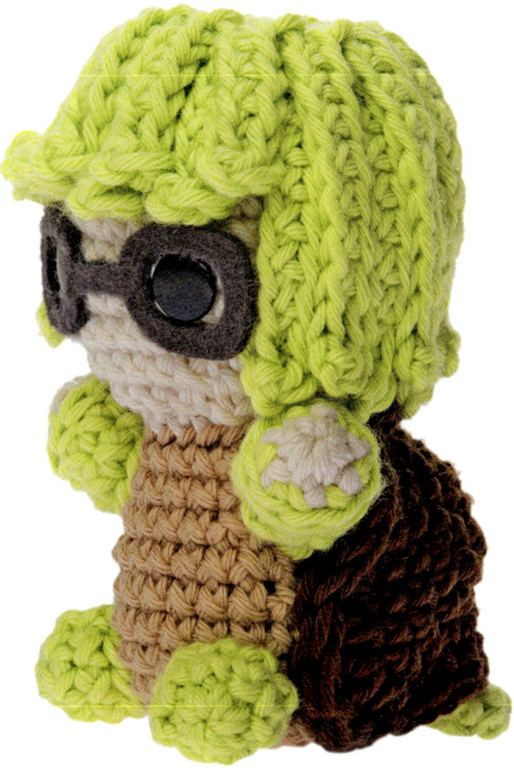

EINZELTEILE ZUSAMMENFÜGEN

1. Körper zu etwa einem Drittel mit Styroporkügelchen füllen, dann mit Füllwatte stopfen und an den Kopf nähen (vgl. USHI S. 57, Abb. 13).
2. Arme und Beine an den Körper nähen. Die Beine müssen dabei plan mit der Unterseite des Körpers abschließen (vgl. USHI S. 57, Abb. 16).
3. Schwanz annähen. Darauf achten, dass er wie die Beine plan mit der Unterseite des Körpers abschließt.
4. Panzer annähen und ggf. etwas mit Füllwatte unterfüttern.
5. Haare zunächst oben am Kopf festnähen, dann mit Nähgarn die unteren 12 Haarsträhnen, anschließend die oberen 12 Haarsträhnen punktuell annähen (vgl. BUTA S. 15, Abb. 18 und 19).
6. Brille 2x aus grauem Filz ausschneiden und aufeinanderkleben Abb. 4 Abb. 5 , dann in der Mitte aufs Gesicht kleben.

4

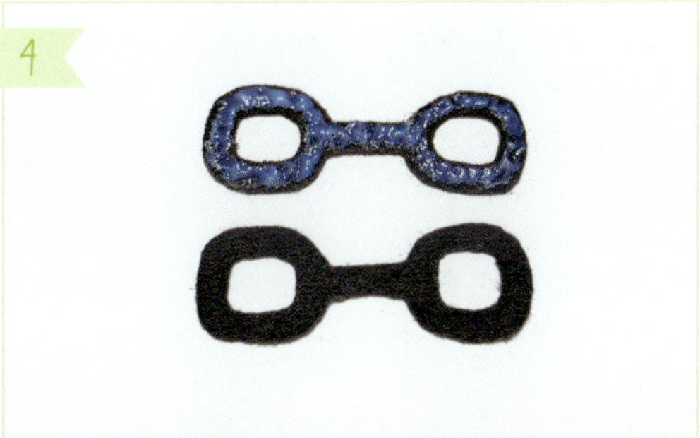

5

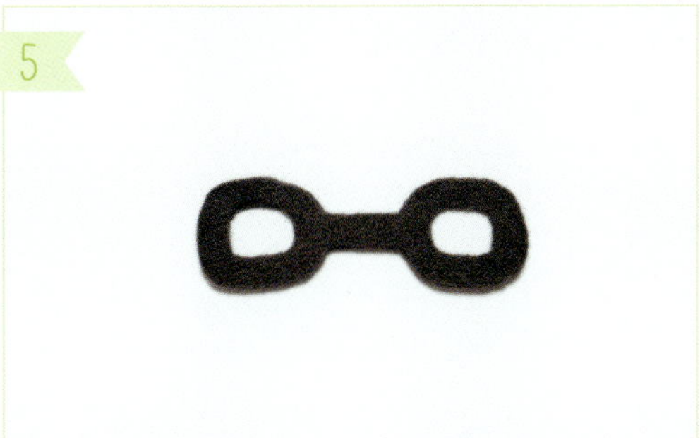

RYŪ

DIE DRACHENDAME ARBEITET BEI DER FREIWILLIGEN FEUERWEHR UND IST FEUER UND FLAMME FÜR IHREN BERUF.

GRÖSSE:
CA. 13 CM

MATERIAL

- Kurtenbach „Twister Curly 8 uni" (100 % Baumwolle, LL 85 m/50 g), in Oliv (Fb. 73) und Bordeaux (Fb. 37)
- Wolle Rödel „Cotton Universal" (100 % Baumwolle, LL 85 m/50 g), in Natur (Fb. 31)
- Rico Design „Creative cotton aran" (100 % Baumwolle, LL 85 m/50 g) in Kirsche (Fb. 65)
- Häkelnadel 3,5 mm
- Stickgarn in Schwarz
- Sticknadel
- Wollnadel zum Vernähen
- 2 Hohlnieten, 9 mm, für die Augen
- Füllwatte
- Styroporkügelchen

KÖRPER (in Oliv häkeln)

1. Rd: 6 fM in Fadenring (= 6 M)
2. Rd: 6x zun (= 12 M)
3. Rd: (2x zun, 1 fM) 4x (= 20 M)
4. Rd: (1x zun, 1 fM) 10x (= 30 M)
5. Rd: (1x zun, 5 fM) 5x (= 35 M)
6.–10. Rd: 35 fM (= 35 M)
11. Rd: (5 fM, 1x abn) 5x (= 30 M)
12. Rd: (4 fM, 1x abn) 5x (= 25 M)
13. Rd: (3 fM, 1x abn) 5x (= 20 M)
14. Rd: 20 fM, KM (= 20 M)
Faden abschneiden und vernähen.

KOPF (in Natur häkeln, vgl. BUTA S. 13, Abb. 4–6)

1. Rd: 6 fM in Fadenring, KM (= 6 M)
2. Rd: 1 LM, 6x zun, KM (= 12 M)
3. Rd: 1 LM, 2 fM, 3x zun, 4 fM, 2x zun, 1 fM, KM (= 17 M)
4. Rd: 1 LM, 2 fM, 1x zun, 3 fM, 1x zun, 4 fM, 1x zun, 3 fM, 1x zun, 1 fM, KM (= 21 M)
5. Rd: 1 LM, 2 fM, 1x zun, 3 fM, 1x zun, 6 fM, 1x zun, 3 fM, 1x zun, 3 fM, KM (= 25 M)
6. Rd: 1 LM, 2 fM, 1x zun, 3 fM, 1x zun, 8 fM, 1x zun, 3 fM, 1x zun, 5 fM, KM (= 29 M)
7.–10. Rd: 1 LM, 29 fM, KM (= 29 M)
11. Rd: 1 LM, 2 fM, 1x abn, 8 fM, 1x abn, 3 fM, 1x abn, 8 fM, 1x abn, KM (= 25 M)
Wimpern mit schwarzem Stickgarn wie ein schräges V über eine Länge von je 2 M aufsticken.

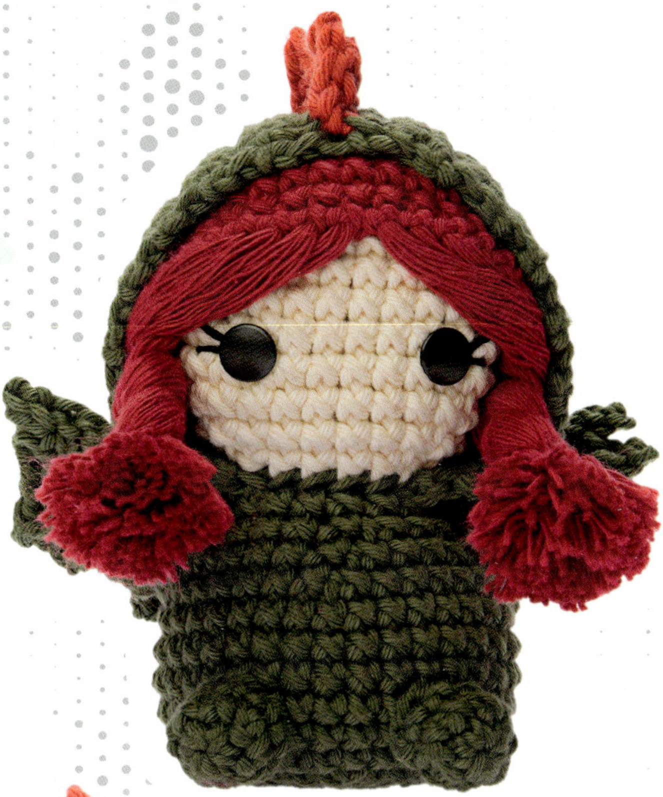

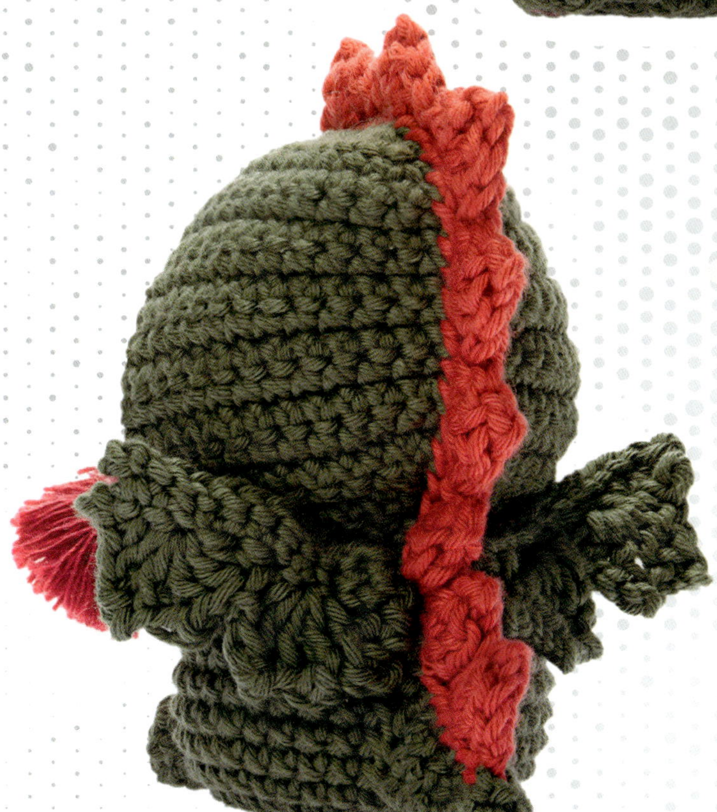

Augen zwischen der 9. und 10. Rd in einem Abstand von 6 M einsetzen.
Die Augen sollten jetzt auf dem gleichen Punkt liegen wie die Spitze des Wimpern-Vs.

12. Rd: 1 LM, 1 fM, 1x abn, 6 fM, 1x abn, 3 fM, 1x abn, 6 fM, 1x abn, 1 fM, KM (= 21 M)
13. Rd: 1 LM, 1x abn, 4 fM, 1x abn, 3 fM, 1x abn, 4 fM, 1x abn, 2 fM, KM (= 17 M)
Kopf mit Füllwatte stopfen.
14. Rd: 1 LM, 4 fM, 3x abn, 3 fM, 2x abn, KM (= 12 M)
15. Rd: 6x abn, KM (= 6 M)
Faden abschneiden und vernähen.

HAARE (in Bordeaux häkeln, vgl. USHI S. 54, Abb. 3)

1. Rd: 6 fM in Fadenring (= 6 M)
2. Rd: 6x zun (= 12 M)
3. Rd: 1 fM, 3x zun, 3 fM, 3x zun, 2 fM (= 18 M)
4. Rd: (1x zun, 2 fM) 6x (= 24 M)
5. Rd: 2 fM, (1x zun, 5 fM) 3x, 1x zun, 3 fM (= 28 M)
6. Rd: 3 fM, (1x zun, 6 fM) 3x, 1x zun, 3 fM (= 32 M)
7. Rd: 7 fM, 1x zun, 15 fM, 1x zun, 8 fM (= 34 M)
8. Rd: 34 fM (= 34 M)
9. Rd: 34 fM, KM (= 34 M)
Faden abschneiden und vernähen.

KAPUZE (in Oliv häkeln)

9 LM, 1 Wlm anschl
1. R: 8 fM, 1x zun, dann auf der Unterseite der LM zurückhäkeln 1x zun, 8 fM, 1 Wlm (= 20 M)
2. R: 9 fM, 2x zun, 9 fM, 1 Wlm (= 22 M)
3. R: 10 fM, 2x zun, 10 fM, 1 Wlm (= 24 M)
4.–13. R: 24 fM, 1 Wlm (= 24 M)
14. R: 10 fM, 2x abn, 10 fM (= 22 M)
15. R: 9 fM, 2x abn, 9 fM (= 20 M)
16. R: 8 fM, 2x abn, 8 fM, LM (= 18 M)
Faden abschneiden und vernähen.

ARME (2x)

Mit Natur beginnen.
1. Rd: 6 fM in Fadenring, KM (= 6 M)
Zu Oliv wechseln.
2. Rd: 1 LM, (1x zun, 2 fM) 2x, KM (= 8 M)
3. und 4. Rd: 1 LM, 8 fM, KM (= 8 M)
Faden abschneiden und vernähen.
1 Rd KM zwischen der 2. und 3. Rd in Oliv häkeln.

BEINE (2x in Oliv häkeln)

1. Rd: 6 fM in Fadenring, KM (= 6 M)
2. Rd: 1 LM, (1x zun, 2 fM) 2x, KM (= 8 M)
3. Rd: 1 LM, 8 fM, KM (= 8 M)
Faden abschneiden und vernähen.

SCHWANZ (in Oliv häkeln)

1. Rd: 4 fM in Fadenring (= 4 M)
2. Rd: 4 fM (= 4 M)
3. Rd: 1x zun, 3 fM (= 5 M)
4. Rd: 1x zun, 4 fM (= 6 M)
5. Rd: 1x zun, 5 fM (= 7 M)
6. Rd: 1x zun, 6 fM (= 8 M)
7. Rd: 1x zun, 7 fM (= 9 M)
8. Rd: 1x zun, 8 fM, KM (= 10 M)
Faden abschneiden und vernähen.

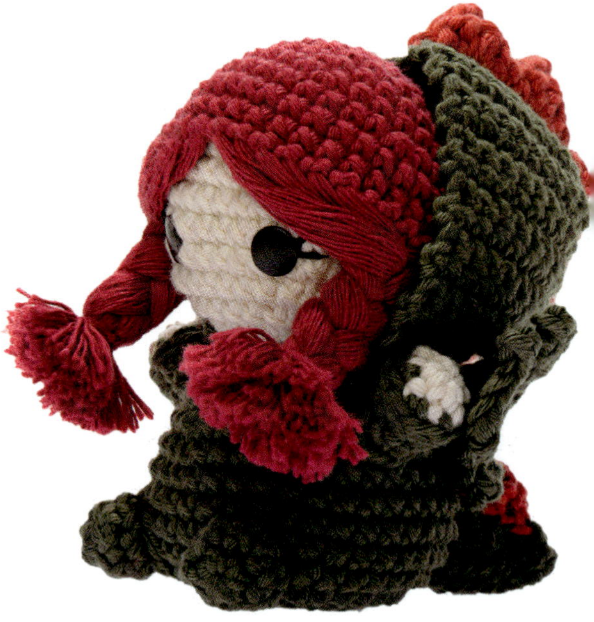

FLÜGEL (2x in Oliv häkeln)

13 LM, 1 Wlm anschl

1. R: 2 KM, auf der Unterseite der LM zurückhäkeln 11 KM

2. R: 4 fM, 3x abn, 1 fM, 1 LM, 1 Wlm

3. R: 1 KM, 1fM, (1 Stb, 1 LM, 1 Wlm, 1 KM in vord Schlaufe der LM, 1 Stb, 1 LM, 1 Wlm, 1 KM in vord Schlaufe der LM, 2 Stb) in 1 M, 1 M überspr, 1 KM, (2 Stb, 1 LM, 1 Wlm, 1 KM in vord Schlaufe der LM, 1 Stb, 1 LM, 1 Wlm, 1 KM in vord Schlaufe der LM, 1 Stb, 1 LM, 1 Wlm, 1 KM in vord Schlaufe der LM) in 1 M, 1 hStb, 1 LM, 1 Wlm, 1KM in vord Schlaufe der LM, 1fM, 1 KM, LM

Faden abschneiden und aus der LM ziehen Abb. 1.

ZACKEN (in Kirsche häkeln)

33 LM, 1 Wlm anschl

1. R: auf der Unterseite zurückhäkeln 1 KM, (1 LM überspr, 2 Stb in 1 LM, 1 LM, 1 KM in vord Schlaufe des vorherigen Stb, 2 Stb in dies LM, 1 M überspr, 1 KM) 8x, LM

Faden abschneiden und aus der LM ziehen Abb. 2.

EINZELTEILE ZUSAMMENFÜGEN

1. Körper zu etwa einem Drittel mit Styroporkügelchen füllen, dann mit Füllwatte stopfen und an den Kopf nähen (vgl. USHI S. 57, Abb. 13).

2. Hint Schlaufen der Haare aufnähen (vgl. USHI S. 57, Abb. 14).

3. Kapuze annähen (vgl. USHI S. 57, Abb. 15).

4. Arme und Beine an den Körper nähen. Die Beine müssen dabei plan mit der Unterseite des Körpers abschließen (vgl. USHI S. 57, Abb. 16).

5. In jede vord Schlaufe der Haare einen ca. 20 cm langen Wollfaden in Bordeaux knüpfen (= je 2 ca. 10 cm lange Haarsträhnen, vgl. KAERU S. 89, Abb. 2–4). Jeden Wollfaden in seine Einzelfäden teilen. Aus den entstandenen Haarsträhnen 2 Zöpfe flechten. Einen Wollfaden in Bordeaux längs halbieren und damit die beiden Zopfenden jeweils zubinden. Zopfenden gleichmäßig zurückschneiden Abb. 3.

6. Schwanz annähen. Darauf achten, dass er wie die Beine plan mit der Unterseite des Körpers abschließt.

7. Bei den Flügeln nur ca. 1 cm an den Körper nähen.

8. Zacken aufnähen. Dafür an der Schwanzspitze beginnen, mittig über den Rücken gehen und bis hinauf auf die Kapuze nähen.

1

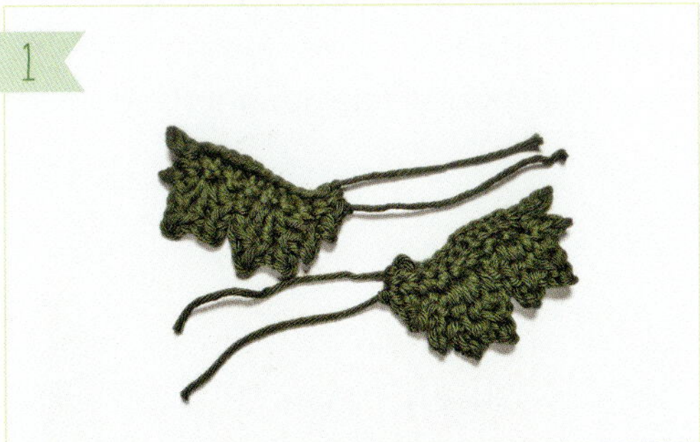

2

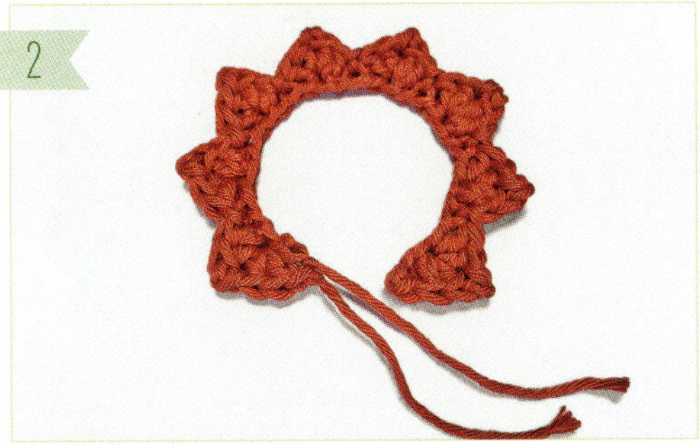

3

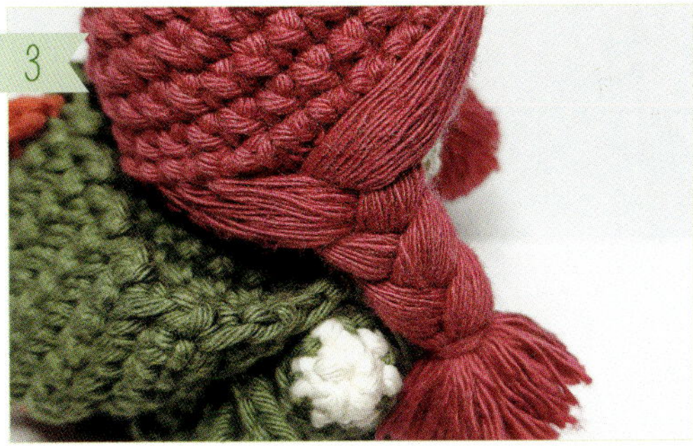

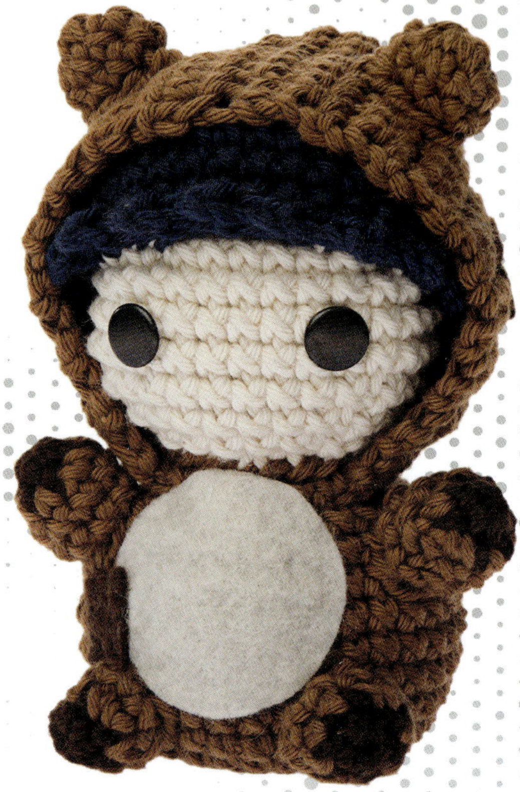

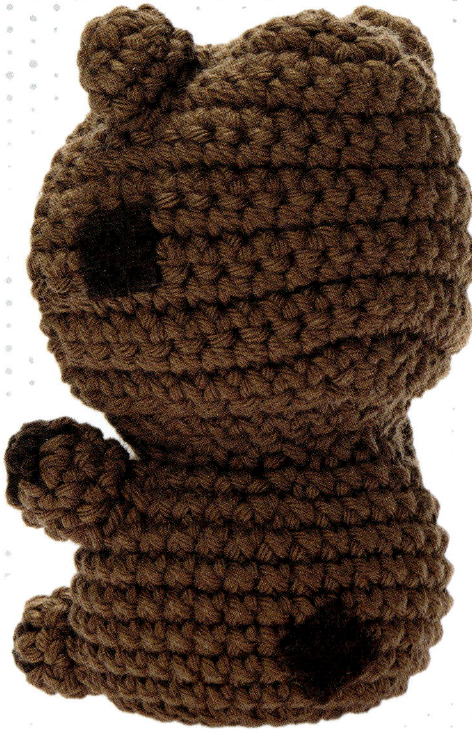

KUMA

DER BÄR LIEBT UMARMUNGEN UND IST DES ÖFTEREN IN FUẞGÄNGERZONEN MIT EINEM „FREE-HUGS"-SCHILD ANZUTREFFEN.

GRÖSSE:
CA. 11 CM

MATERIAL

- Wolle Rödel „Cotton Universal" (100 % Baumwolle, LL 85 m/50 g) in Natur (Fb. 31), Zimt (Fb. 57), Braun (Fb. 29) und Dunkelblau (Fb. 52)
- Häkelnadel 3,5 mm
- Wollnadel zum Vernähen
- 2 Hohlnieten, 9 mm, für die Augen
- Füllwatte
- Styroporkügelchen
- Filzreste, 1 mm dick, in Beige und Braun
- Textilkleber
- Nähgarn in Braun

KÖRPER (in Zimt häkeln)

1. Rd: 6 fM in Fadenring (= 6 M)
2. Rd: 6x zun (= 12 M)
3. Rd: (2x zun, 1 fM) 4x (= 20 M)
4. Rd: (1x zun, 1 fM) 10x (= 30 M)
5. Rd: (1x zun, 5 fM) 5x (= 35 M)
6.–10. Rd: 35 fM (= 35 M)
11. Rd: (5 fM, 1x abn) 5x (= 30 M)
12. Rd: (4 fM, 1x abn) 5x (= 25 M)
13. Rd: (3 fM, 1x abn) 5x (= 20 M)
14. Rd: 20 fM, KM (= 20 M)
Faden abschneiden und vernähen.

KOPF (in Natur häkeln, vgl. BUTA S. 13, Abb. 4–6)

1. Rd: 6 fM in Fadenring, KM (= 6 M)
2. Rd: 1 LM, 6x zun, KM (= 12 M)
3. Rd: 1 LM, 2 fM, 3x zun, 4 fM, 2x zun, 1 fM, KM (= 17 M)
4. Rd: 1 LM, 2 fM, 1x zun, 3 fM, 1x zun, 4 fM, 1x zun, 3 fM, 1x zun, 1 fM, KM (= 21 M)
5. Rd: 1 LM, 2 fM, 1x zun, 3 fM, 1x zun, 6 fM, 1x zun, 3 fM, 1x zun, 3 fM, KM (= 25 M)
6. Rd: 1 LM, 2 fM, 1x zun, 3 fM, 1x zun, 8 fM, 1x zun, 3 fM, 1x zun, 5 fM, KM (= 29 M)
7.–10. Rd: 1 LM, 29 fM, KM (= 29 M)
11. Rd: 1 LM, 2 fM, 1x abn, 8 fM, 1x abn, 3 fM, 1x abn, 8 fM, 1x abn, KM (= 25 M)
Augen zwischen der 9. und 10. Rd in einem Abstand von 6 M einsetzen.

12. Rd: 1 LM, 1 fM, 1x abn, 6 fM, 1x abn, 3 fM, 1x abn, 6 fM, 1x abn, 1 fM, KM (= 21 M)
13. Rd: 1 LM, 1x abn, 4 fM, 1x abn, 3 fM, 1x abn, 4 fM, 1x abn, 2 fM, KM (= 17 M)
Kopf mit Füllwatte stopfen.
14. Rd: 1 LM, 4 fM, 3x abn, 3 fM, 2x abn, KM (= 12 M)
15. Rd: 6x abn, KM (= 6 M)
Faden abschneiden und vernähen.

HAARE (in Dunkelblau häkeln, vgl. USHI S. 54, Abb. 3 und 4)

1. Rd: 6 fM in Fadenring (= 6 M)
2. Rd: 6x zun (= 12 M)
3. Rd: 1 fM, 3x zun, 3 fM, 3x zun, 2 fM (= 18 M)
4. Rd: (1x zun, 2 fM) 6x (= 24 M)
5. Rd: 2 fM, (1x zun, 5 fM) 3x, 1x zun, 3 fM (= 28 M)
6. Rd: 3 fM, (1x zun, 6 fM) 3x, 1x zun, 3 fM (= 32 M)
7. Rd: 7 fM, 1x zun, 15 fM, 1x zun, 8 fM (= 34 M)
8. Rd: 34 fM (= 34 M)
9. Rd: 34 fM, KM (= 34 M)
10. Rd: in vord Schlaufen (1 LM, 1 Wlm, 1 KM in die Unterseite der LM, 1 KM in 2 M gleichzeitig*) 17x
Faden abschneiden und vernähen.
(* vgl. unsichtbares Abnehmen)

KAPUZE (in Zimt häkeln)

9 LM, 1 Wlm anschl
1. R: 8 fM, 1x zun, dann auf der Unterseite der LM zurückhäkeln 1x zun, 8 fM, 1 Wlm (= 20 M)
2. R: 9 fM, 2x zun, 9 fM, 1 Wlm (= 22 M)
3. R: 10 fM, 2x zun, 10 fM, 1 Wlm (= 24 M)
4.–13. R: 24 fM, 1 Wlm (= 24 M)
14. R: 10 fM, 2x abn, 10 fM (= 22 M)
15. R: 9 fM, 2x abn, 9 fM (= 20 M)
16. R: 8 fM, 2x abn, 8 fM, LM (= 18 M)
Faden abschneiden und vernähen.

ARME (2x)

Mit Braun beginnen.
1. Rd: 6 fM in Fadenring, KM (= 6 M)
Zu Zimt wechseln.
2. Rd: 1 LM, (1x zun, 2 fM) 2x, KM (= 8 M)
3. und 4. Rd: 1 LM, 8 fM, KM (= 8 M)
Faden abschneiden und vernähen.

BEINE (2x)

Mit Braun beginnen.
1. Rd: 6 fM in Fadenring, KM (= 6 M)
Zu Zimt wechseln.
2. Rd: 1 LM, (1x zun, 2 fM) 2x, KM (= 8 M)
3. Rd: 1 LM, 8 fM, KM (= 8 M)
Faden abschneiden und vernähen.

OHREN (2x in Zimt häkeln)

1. Rd: 6 fM in Fadenring (= 6 M)
2. Rd: (1x zun, 2 fM) 2x (= 8 M)
3. Rd: 8 fM, KM (= 8 M)
Faden abschneiden und vernähen.

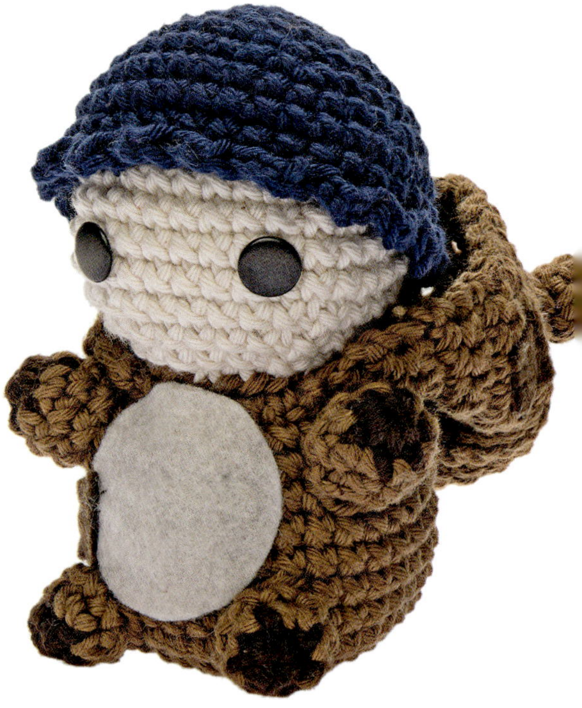

EINZELTEILE ZUSAMMENFÜGEN

1. Körper zu etwa einem Drittel mit Styroporkügelchen füllen, dann mit Füllwatte stopfen und an den Kopf nähen (vgl. USHI S. 57, Abb. 13).
2. Hint Schlaufen der Haare aufnähen (vgl. USHI S. 57, Abb. 14).
3. Kapuze annähen (vgl. USHI S. 57, Abb. 15).
4. Arme und Beine an den Körper nähen. Die Beine müssen dabei plan mit der Unterseite des Körpers abschließen (vgl. USHI S. 57, Abb. 16).
5. Ohren auf die Kapuze nähen.
6. Einen ca. 3,5 cm großen Kreis aus beigefarbenem Filz ausschneiden und auf den Bauch kleben Abb. 1 Abb. 2.
7. Für die Flicken kleine ca. 1 x 1 cm große Quadrate aus braunem Filz ausschneiden und willkürlich auf das Kostüm kleben. Anschließend mit braunem Nähgarn optische Nähte auf die Filz-Quadrate nähen Abb. 3 Abb. 4 Abb. 5.

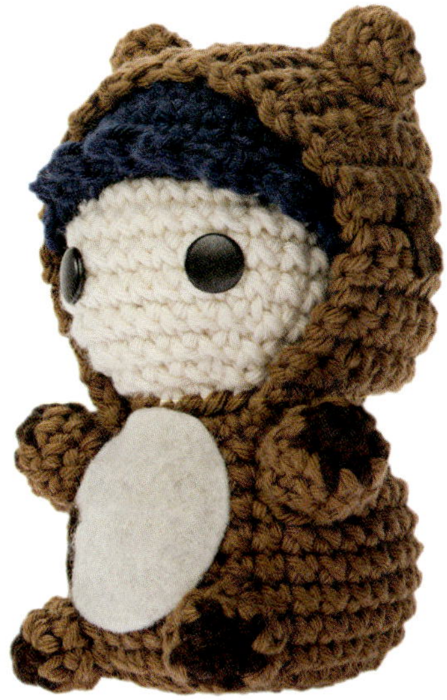

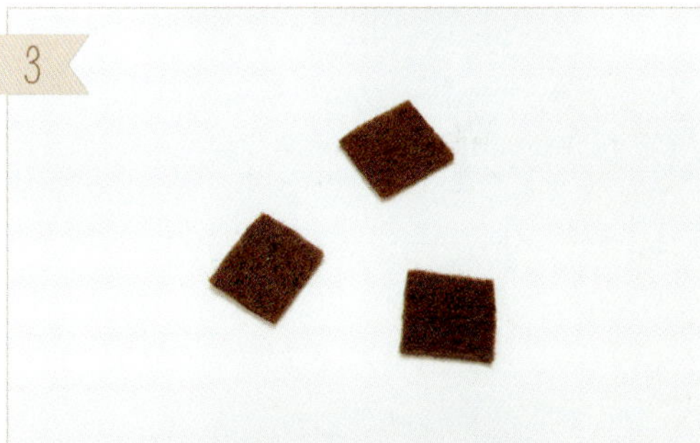
3

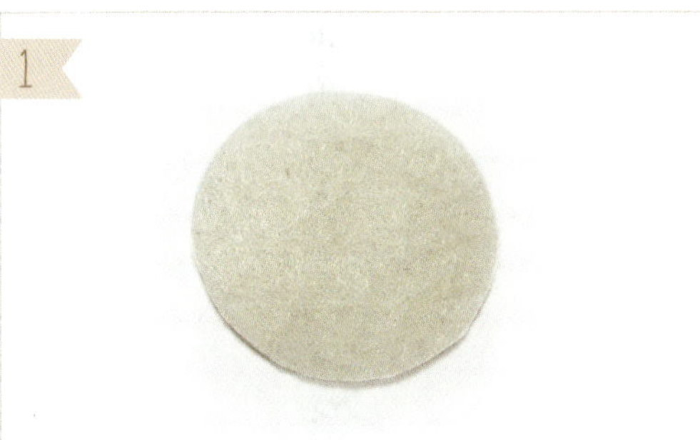
1

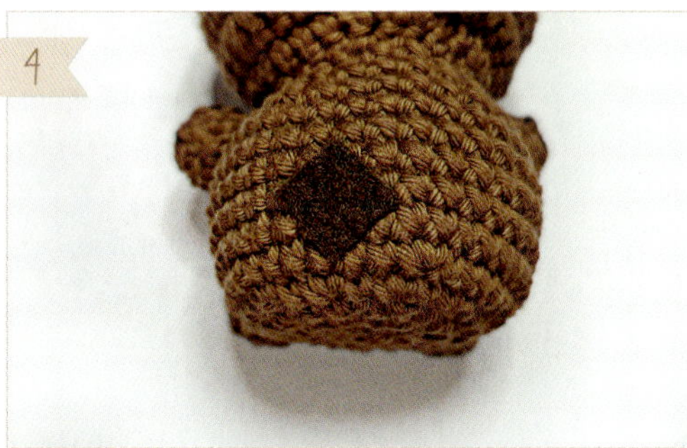
4

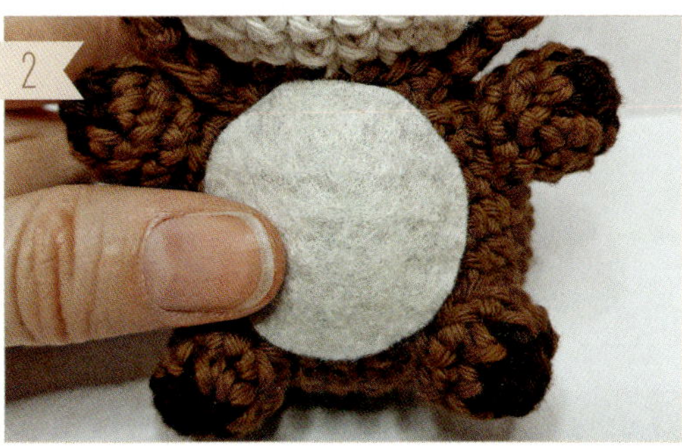
2

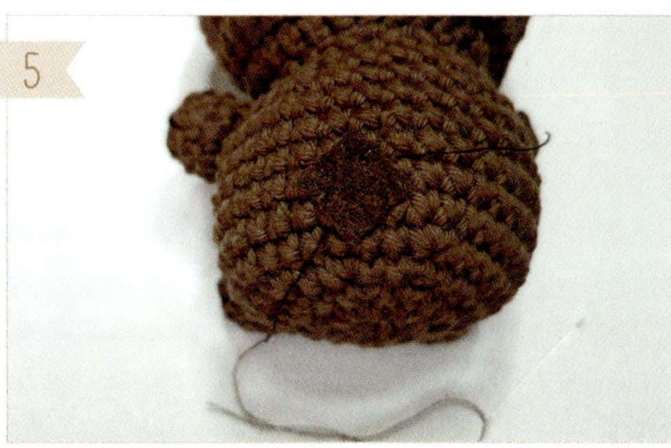
5

SHIMAUMA

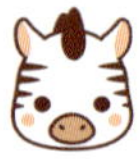

DIE ZEBRASTUTE HÄTTE LIEBER EINEN ZEBRA-CATSUIT MIT LÄNGSSTREIFEN, WEIL QUERSTREIFEN DICK MACHEN.

KÖRPER

Mit Weiß beginnen, dann Garnfarben wie angegeben wechseln:

1. Rd: 6 fM in Fadenring, KM (= 6 M)
2. Rd: in Schwarz 1 LM, 6x zun, KM (= 12 M)
3. Rd: in Weiß 1 LM, (2x zun, 1 fM) 4x, KM (= 20 M)
4. Rd: in Schwarz 1 LM, (1x zun, 4 fM) 4x, KM (= 24 M)
5. Rd: in Weiß 1 LM, 24 fM, KM (= 24 M)
6. Rd: in Schwarz 1 LM, 24 fM, KM (= 24 M)
7. Rd: in Weiß 1 LM, 24 fM, KM (= 24 M)
8. Rd: in Schwarz 1 LM, 24 fM, KM (= 24 M)
9. Rd: in Weiß 1 LM, 24 fM, KM (= 24 M)
10. Rd: in Schwarz 1 LM, (4 fM, 1x abn) 4x, KM (= 20 M)
11. Rd: in Weiß 1 LM, (8 fM, 1x abn) 2x, KM (= 18 M)
12. Rd: in Schwarz 1 LM, 18 fM, KM (= 18 M)
Faden abschneiden und vernähen.

KOPF (in Natur häkeln, vgl. BUTA S. 13, Abb. 4–6)

1. Rd: 6 fM in Fadenring, KM (= 6 M)
2. Rd: 1 LM, 6x zun, KM (= 12 M)
3. Rd: 1 LM, 2 fM, 3x zun, 4 fM, 2x zun, 1 fM, KM (= 17 M)
4. Rd: 1 LM, 2 fM, 1x zun, 3 fM, 1x zun, 4 fM, 1x zun, 3 fM, 1x zun, 1 fM, KM (= 21 M)
5. Rd: 1 LM, 2 fM, 1x zun, 3 fM, 1x zun, 6 fM, 1x zun, 3 fM, 1x zun, 3 fM, KM (= 25 M)
6. Rd: 1 LM, 2 fM, 1x zun, 3 fM, 1x zun, 8 fM, 1x zun, 3 fM, 1x zun, 5 fM, KM (= 29 M)
7.–10. Rd: 1 LM, 29 fM, KM (= 29 M)
11. Rd: 1 LM, 2 fM, 1x abn, 8 fM, 1x abn, 3 fM, 1x abn, 8 fM, 1x abn, KM (= 25 M)
Wimpern mit schwarzem Stickgarn wie ein schräges V über eine Länge von je 2 M aufsticken.
Augen zwischen der 9. und 10. Rd in einem Abstand von 6 M einsetzen.
Die Augen sollten jetzt auf dem gleichen Punkt liegen wie die Spitze des Wimpern-Vs.
12. Rd: 1 LM, 1 fM, 1x abn, 6 fM, 1x abn, 3 fM, 1x abn, 6 fM, 1x abn, 1 fM, KM (= 21 M)
13. Rd: 1 LM, 1x abn, 4 fM, 1x abn, 3 fM, 1x abn, 4 fM, 1x abn, 2 fM, KM (= 17 M)
Kopf mit Füllwatte stopfen.
14. Rd: 1 LM, 4 fM, 3x abn, 3 fM, 2x abn, KM (= 12 M)
15. Rd: 6x abn, KM (= 6 M)
Faden abschneiden und vernähen.

GRÖSSE:
CA. 11 CM

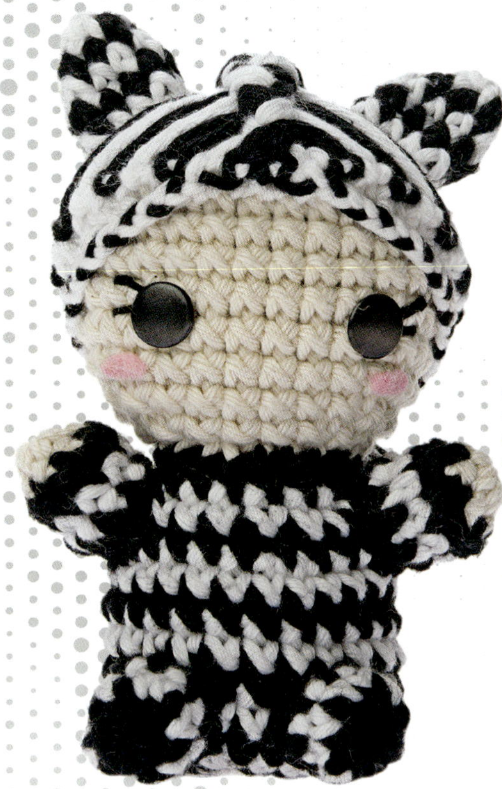

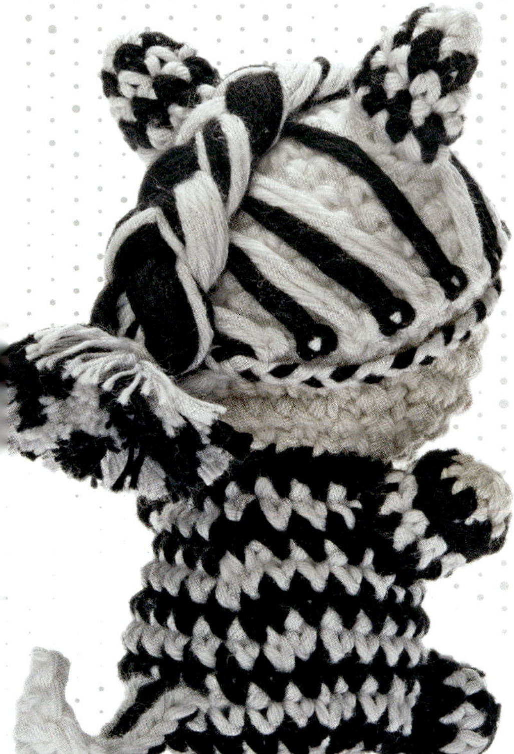

MATERIAL

- Wolle Rödel „Cotton Universal" (100 % Baumwolle, LL 85 m/50 g), in Natur (Fb. 31), Weiß (Fb. 38) und Schwarz (Fb. 39)
- Häkelnadel 3,5 mm
- Stickgarn in Schwarz
- Sticknadel
- Wollnadel zum Vernähen
- 2 Hohlnieten, 9 mm, für die Augen
- Füllwatte
- Styroporkügelchen
- Filzrest, 1 mm dick, in Rosa
- Textilkleber

HAARE (in Weiß häkeln, vgl. USHI S. 54, Abb. 3)

1. Rd: 6 fM in Fadenring (= 6 M)
2. Rd: 6x zun (= 12 M)
3. Rd: 1 fM, 3x zun, 3 fM, 3x zun, 2 fM (= 18 M)
4. Rd: (1x zun, 2 fM) 6x (= 24 M)
5. Rd: 2 fM, (1x zun, 5 fM) 3x, 1x zun, 3 fM (= 28 M)
6. Rd: 3 fM, (1x zun, 6 fM) 3x, 1x zun, 3 fM (= 32 M)
7. Rd: 7 fM, 1x zun, 15 fM, 1x zun, 8 fM (= 34 M)
8. Rd: 34 fM (= 34 M)
9. Rd: 34 fM, KM (= 34 M)
Faden abschneiden und vernähen.

ARME (2x)

Mit Natur beginnen, dann Garnfarben wie angegeben wechseln:
1. Rd: 6 fM in Fadenring, KM (= 6 M)
2. Rd: in Schwarz 1 LM, (1x zun, 2 fM) 2x, KM (= 8 M)
3. Rd: in Weiß 1 LM, 8 fM, KM (= 8 M)
4. Rd: in Schwarz 1 LM, 8 fM, KM (= 8 M)
Faden abschneiden und vernähen.
1 Rd KM zwischen der 2. und 3. Rd in Schwarz häkeln.

BEINE (2x)

Mit Schwarz beginnen, dann Garnfarben wie angegeben wechseln:
1. Rd: 6 fM in Fadenring, KM (= 6 M)
2. Rd: in Weiß 1 LM, (1x zun, 2 fM) 2x, KM (= 8 M)
3. Rd: in Schwarz 1 LM, 8 fM, KM (= 8 M)
Faden abschneiden und vernähen.

OHREN (2x, vgl. USHI S. 56, Abb. 8)

Mit Weiß beginnen, dann Garnfarben wie angegeben wechseln:
1. Rd: 4 fM in Fadenring (= 4 M)
2. Rd: in Schwarz (1x zun, 1 fM) 2x (= 6 M)
3. Rd: in Weiß (1x zun, 2 fM) 2x (= 8 M)
4. Rd: in Schwarz 8 fM (= 8 M)
5. Rd: in Weiß 8 fM, KM (= 8 M)
Faden abschneiden und vernähen.

SCHWANZ

Mit Schwarz beginnen.
5 LM, 1 Wlm anschl
Im Folgenden immer auf der Unterseite der LM zurückhäkeln:
1. R: 5 KM, LM
Faden abschneiden und aus der LM ziehen.
Zu Weiß wechseln.
In äußere Schlaufen: 1 LM, 1 KM in dies M, 4 KM, 5 LM, 1 Wlm, wenden, 1 KM, 1 fM, 1 Stb, 1 DStb (schwarze Wlm mit einarbeiten) Abb. 1,
1 M überspr, 5 KM, LM
Faden abschneiden und aus der LM ziehen Abb. 2.

1
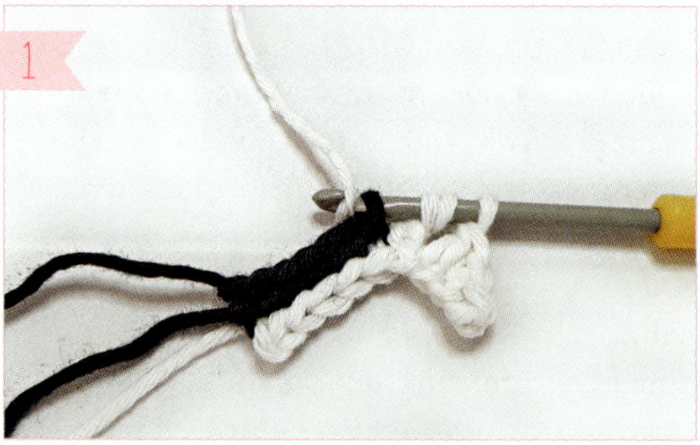

2
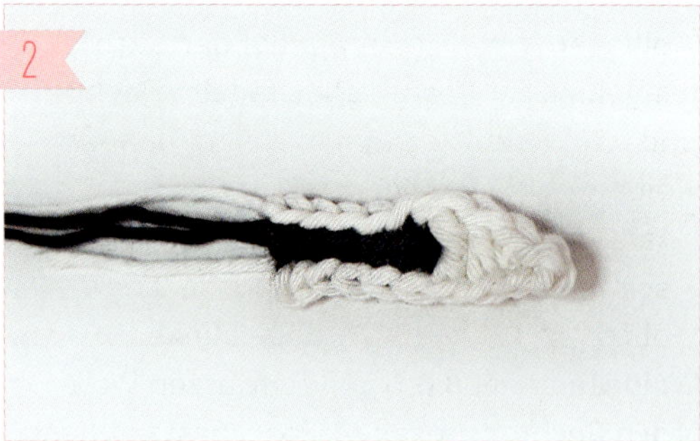

EINZELTEILE ZUSAMMENFÜGEN

1. Körper zu etwa einem Drittel mit Styroporkügelchen füllen, dann mit Füllwatte stopfen und an den Kopf nähen (vgl. USHI S. 57, Abb. 13).
2. Hint Schlaufen der Haare aufnähen (vgl. USHI S. 57, Abb. 14).
3. Arme und Beine an den Körper nähen. Die Beine müssen dabei plan mit der Unterseite des Körpers abschließen (vgl. USHI S. 57, Abb. 16).
4. Schwanz anknoten.
5. Ohren annähen.
6. In jede vord Schlaufe der Haare abwechselnd einen ca. 40 cm langen Faden in Schwarz bzw. Weiß knüpfen (= je 2 ca. 20 cm lange Haarsträhnen, vgl. KAERU S. 89, Abb. 2–4). Aus den resultierenden Haarsträhnen mittig einen Zopf Holländisch flechten. D. h., es wird vorne von der Stirn aus mit den 2 schwarzen und den jeweils danebenliegenden weißen Strähnen (eine Strähne = 2 Wollfäden) begonnen.
Beim holländischen Flechten wird ein Haarstrang (= mehrere Strähnen) immer von außen unter dem mittleren Haarstrang entlang auf die andere Seite gelegt und bei jedem Flechten eine Strähne dazugenommen. Dies bis zum Nacken wiederholen Abb. 3 . Anschließend einen weißen oder schwarzen Wollfaden längs halbieren und damit das Zopfende zubinden. Zopfende gleichmäßig zurückschneiden.
7. Einen ca. 40 cm langen schwarzen Wollfaden durch die mittig auf der Stirn festgeknüpfte Haarsträhne fädeln. Rechts und links davon je einen ca. 40 cm langen weißen Wollfaden durch die festgeknüpften Haarsträhnen fädeln. Es entstehen so 2 schwarze und 4 weiße ca. 20 cm lange Wollfadenenden Abb. 4 . Die 2 linken weißen Wollfäden mit einem der schwarzen Wollfäden flechten, links am Haaransatz entlang führen und mit einer Nadel erst durch die unterste Verflechtung des Hauptzopfes fädeln Abb. 5 und dann mit durchs Zopfband. Überstehende Wollfäden mit der Schere auf Zopflänge kürzen. Dasselbe nun mit den restlichen 3 Wollfäden für die rechte Seite wiederholen.
8. 2 kleine Ovale aus rosa Filz ausschneiden und auf die Wangen kleben.

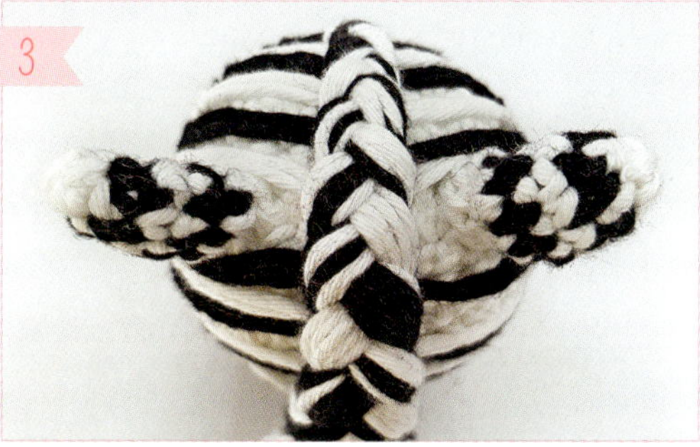
3

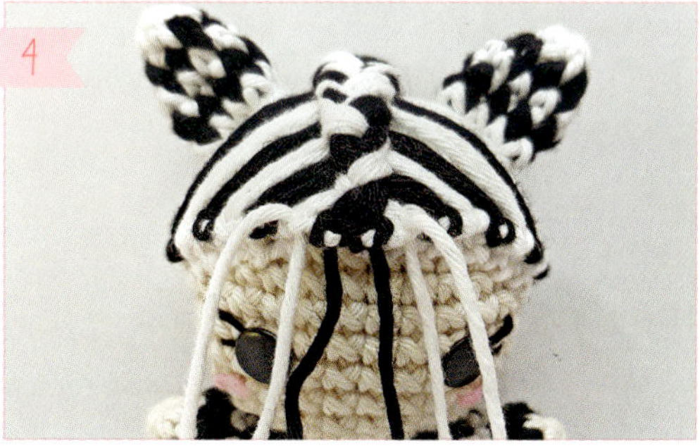
4

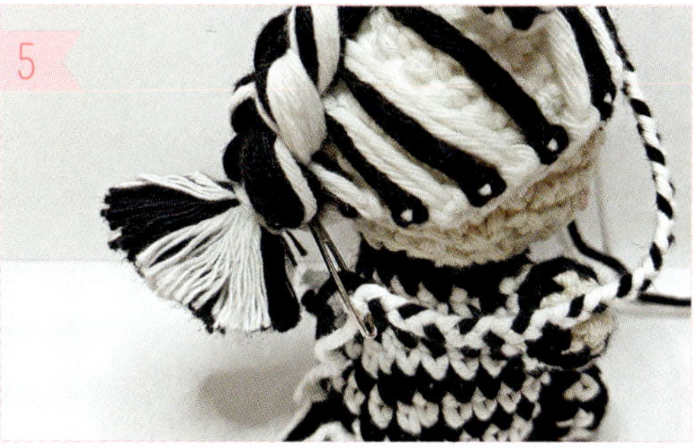
5

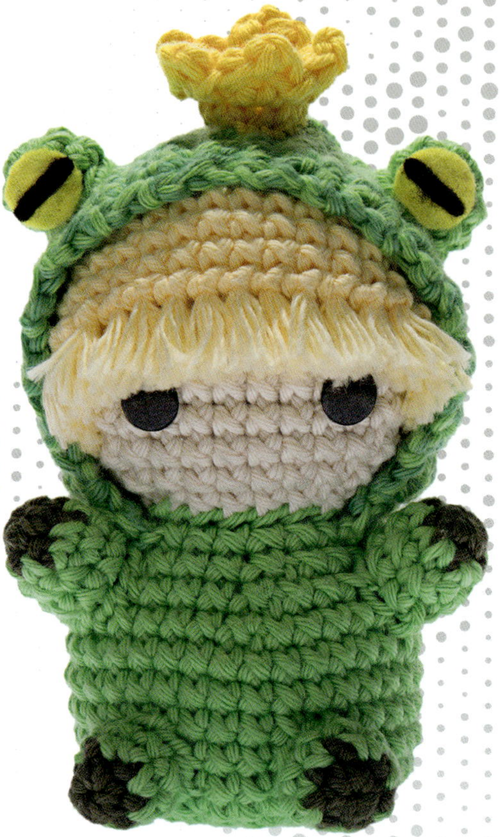

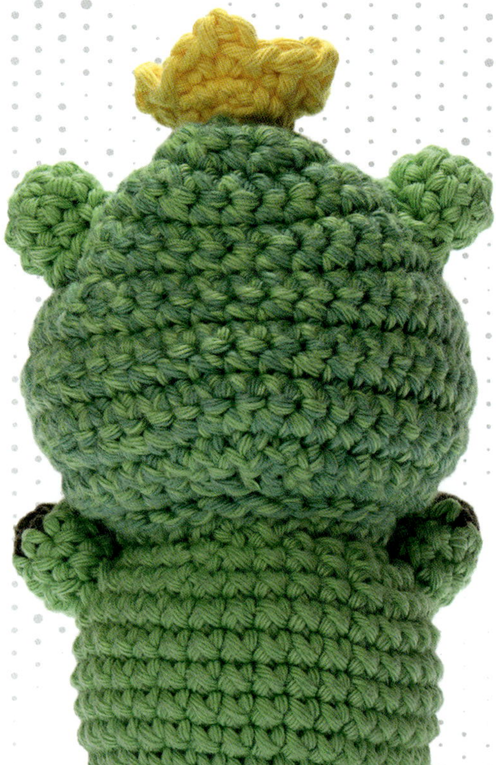

KAERU

DER FROSCHPRINZ SUCHT NOCH NACH SEINER PRINZESSIN UND GEHT DAFÜR GERN IN BADESEEN SCHWIMMEN.

GRÖSSE: CA. 12 CM

MATERIAL

- Kurtenbach „Twister Curly 8 uni“ (100 % Baumwolle, LL 85 m/50 g) in Apfel (Fb. 74) und Oliv (Fb. 73)
- Wolle Rödel „Cotton Universal“ (100 % Baumwolle, LL 85 m/50 g) in Natur (Fb. 31), Vanille (Fb. 51) und Banane (Fb. 34)
- Häkelnadel 3,5 mm
- Wollnadel zum Vernähen
- 2 Hohlnieten, 9 mm, für die Augen
- Füllwatte
- Styroporkügelchen
- Filzreste, 1 mm dick, in Gelb und Schwarz
- Textilkleber

KÖRPER (in Apfel häkeln)

1. Rd: 6 fM in Fadenring (= 6 M)
2. Rd: 6x zun (= 12 M)
3. Rd: (2x zun, 1 fM) 4x (= 20 M)
4. Rd: (1x zun, 1 fM) 10x (= 30 M)
5. Rd: (1x zun, 5 fM) 5x (= 35 M)
6.–10. Rd: 35 fM (= 35 M)
11. Rd: (5 fM, 1x abn) 5x (= 30 M)
12. Rd: (4 fM, 1x abn) 5x (= 25 M)
13. Rd: (3 fM, 1x abn) 5x (= 20 M)
14. Rd: 20 fM, KM (= 20 M)
Faden abschneiden und vernähen.

KOPF (in Natur häkeln, vgl. BUTA S. 13, Abb. 4–6)

1. Rd: 6 fM in Fadenring, KM (= 6 M)
2. Rd: 1 LM, 6x zun, KM (= 12 M)
3. Rd: 1 LM, 2 fM, 3x zun, 4 fM, 2x zun, 1 fM, KM (= 17 M)
4. Rd: 1 LM, 2 fM, 1x zun, 3 fM, 1x zun, 4 fM, 1x zun, 3 fM, 1x zun, 1 fM, KM (= 21 M)
5. Rd: 1 LM, 2 fM, 1x zun, 3 fM, 1x zun, 6 fM, 1x zun, 3 fM, 1x zun, 3 fM, KM (= 25 M)
6. Rd: 1 LM, 2 fM, 1x zun, 3 fM, 1x zun, 8 fM, 1x zun, 3 fM, 1x zun, 5 fM, KM (= 29 M)
7.–10. Rd: 1 LM, 29 fM, KM (= 29 M)
11. Rd: 1 LM, 2 fM, 1x abn, 8 fM, 1x abn, 3 fM, 1x abn, 8 fM, 1x abn, KM (= 25 M)

Augen zwischen der 9. und 10. Rd in einem Abstand von 6 M einsetzen.
12. Rd: 1 LM, 1 fM, 1x abn, 6 fM, 1x abn, 3 fM, 1x abn, 6 fM, 1x abn, 1 fM, KM (= 21 M)
13. Rd: 1 LM, 1x abn, 4 fM, 1x abn, 3 fM, 1x abn, 4 fM, 1x abn, 2 fM, KM (= 17 M)
Kopf mit Füllwatte stopfen.
14. Rd: 1 LM, 4 fM, 3x abn, 3 fM, 2x abn, KM (= 12 M)
15. Rd: 6x abn, KM (= 6 M)
Faden abschneiden und vernähen.

HAARE (in Vanille häkeln, vgl. USHI S. 54, Abb. 3)

1. Rd: 6 fM in Fadenring (= 6 M)
2. Rd: 6x zun (= 12 M)
3. Rd: 1 fM, 3x zun, 3 fM, 3x zun, 2 fM (= 18 M)
4. Rd: (1x zun, 2 fM) 6x (= 24 M)
5. Rd: 2 fM, (1x zun, 5 fM) 3x, 1x zun, 3 fM (= 28 M)
6. Rd: 3 fM, (1x zun, 6 fM) 3x, 1x zun, 3 fM (= 32 M)
7. Rd: 7 fM, 1x zun, 15 fM, 1x zun, 8 fM (= 34 M)
8. Rd: 34 fM (= 34 M)
9. Rd: 34 fM, KM (= 34 M)
Faden abschneiden und vernähen.

KAPUZE (in Apfel häkeln)

9 LM, 1 Wlm anschl
1. R: 8 fM, 1x zun, dann auf der Unterseite der LM zurückhäkeln 1x zun, 8 fM, 1 Wlm (= 20 M)
2. R: 9 fM, 2x zun, 9 fM, 1 Wlm (= 22 M)
3. R: 10 fM, 2x zun, 10 fM, 1 Wlm (= 24 M)
4.–13. R: 24 fM, 1 Wlm (= 24 M)
14. R: 10 fM, 2x abn, 10 fM (= 22 M)
15. R: 9 fM, 2x abn, 9 fM (= 20 M)
16. R: 8 fM, 2x abn, 8 fM, LM (= 18 M)
Faden abschneiden und vernähen.

ARME (2x)

Mit Oliv beginnen.
1. Rd: 6 fM in Fadenring, KM (= 6 M)
Zu Apfel wechseln.
2. Rd: 1 LM, (1x zun, 2 fM) 2x, KM (= 8 M)
3. und 4. Rd: 1 LM, 8 fM, KM (= 8 M)
Faden abschneiden und vernähen.

BEINE (2x)

Mit Oliv beginnen.
1. Rd: 6 fM in Fadenring, KM (= 6 M)
Zu Apfel wechseln.
2. Rd: 1 LM, (1x zun, 2 fM) 2x, KM (= 8 M)
3. Rd: 1 LM, 8 fM, KM (= 8 M)
Faden abschneiden und vernähen.

FROSCHAUGEN (2x in Apfel häkeln)

1. Rd: 6 fM in Fadenring (= 6 M)
2. Rd: (1x zun, 2 fM) 2x (= 8 M)
3. Rd: 8 fM, KM (= 8 M)
Faden abschneiden und vernähen.

KRONE (in Banane häkeln)

1. Rd: 10 LM anschl, zu Kreis verbinden
2. Rd: 10 fM, 1 KM (= 10 M)
3. Rd: (1 Stb, 1 LM, 1 KM in vord Schlaufe des vorh Stb, 1 Stb in dies fM, 1 KM) 5x (= 10 M)
Faden abschneiden und vernähen Abb. 1.

1
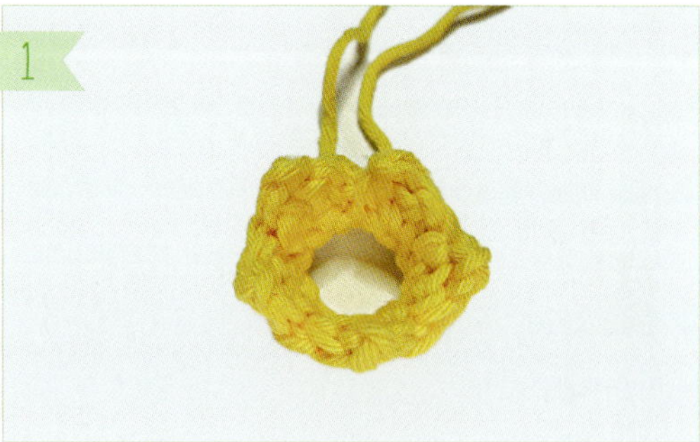

EINZELTEILE ZUSAMMENFÜGEN

1. Körper zu etwa einem Drittel mit Styroporkügelchen füllen, dann mit Füllwatte stopfen und an den Kopf nähen (vgl. USHI S. 57, Abb. 13).
2. Hint Schlaufen der Haare aufnähen (vgl. USHI S. 57, Abb. 14).
3. Kapuze annähen (vgl. USHI S. 57, Abb. 15).
4. Arme und Beine an den Körper nähen. Die Beine müssen dabei plan mit der Unterseite des Körpers abschließen (vgl. USHI S. 57, Abb. 16).

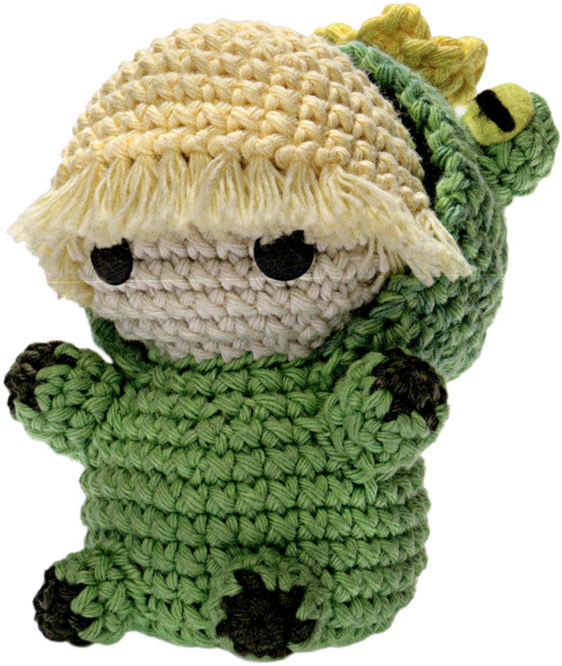

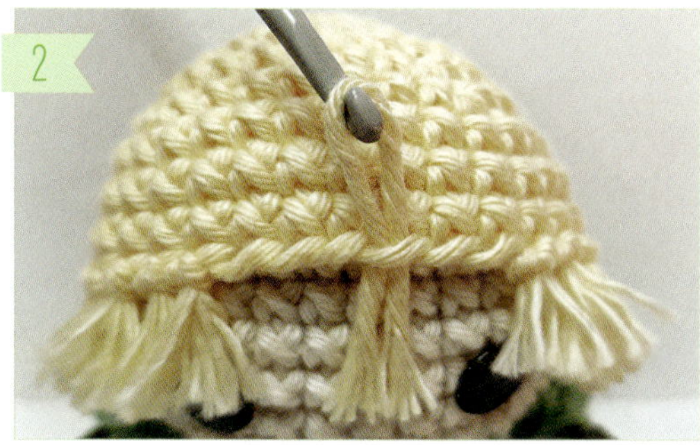

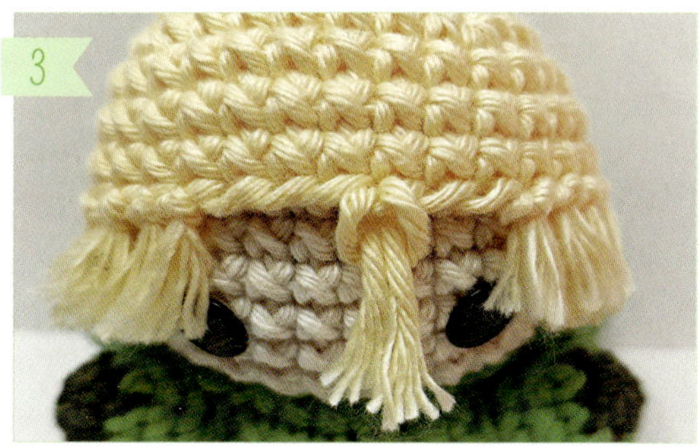

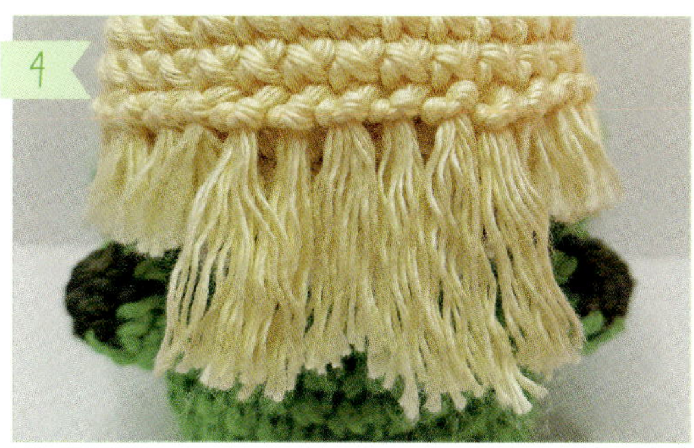

5. In jede vord Schlaufe der Haare einen ca. 3 cm langen Faden in Vanille knüpfen (= 2 ca. 1 cm lange Haarsträhnen) Abb. 2 Abb. 3. Jeden Faden in seine Einzelfäden teilen Abb. 4. Haare gleichmäßig zurückschneiden.
6. Froschaugen auf die Kapuze nähen, mit Filz Pupille und Iris gestalten und aufkleben Abb. 5
7. Krone auf die Kapuze nähen.

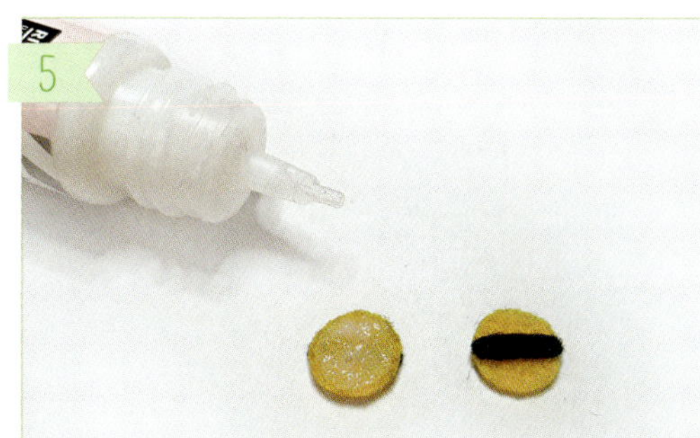

ABKÜRZUNGEN

3fStb	Dreifachstäbchen
4fStb	Vierfachstäbchen
abn	abnehmen
anschl	anschlagen
dies	dieselbe
DStb	Doppelstäbchen
fM	feste Masche(n)
hint	hintere
hStb	halbe(s) Stäbchen
KM	Kettmasche(n)
LM	Luftmasche(n)
M	Masche(n)
R	Reihe(n)
Rd	Runde(n)
Stb	Stäbchen
überspr	überspringen
vord	vordere
vorh	vorherige(s)
Wlm	Wendeluftmasche(n)
zun	zunehmen

GRUNDKURS HÄKELN

LUFTMASCHENANSCHLAG

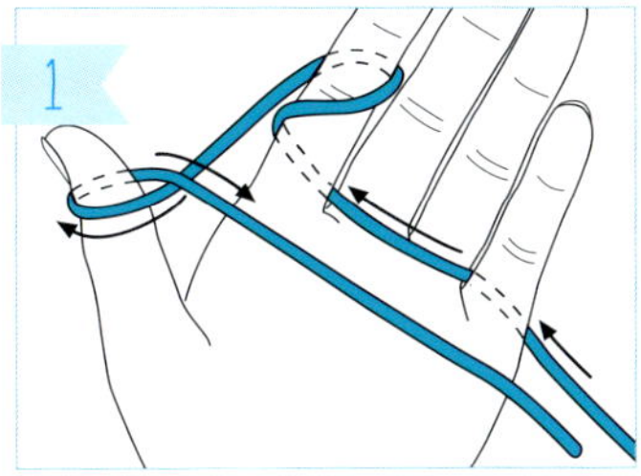

Den Faden wie im Bild gezeigt um die linke Hand legen.

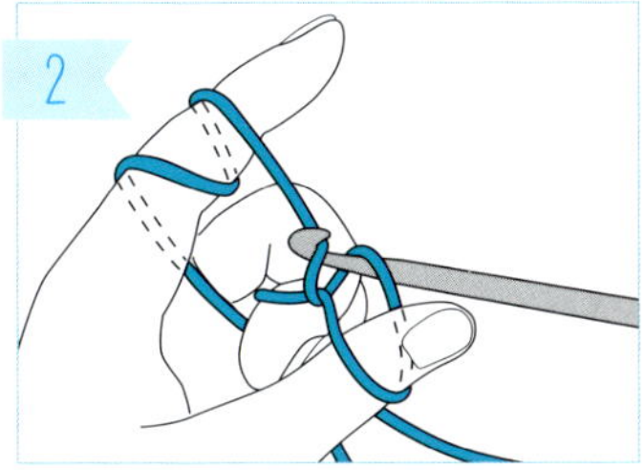

Die Nadel von unten in die Daumenschlinge schieben. Den Faden erfassen und durchziehen. Daumen aus der Schlinge nehmen. Der Anschlagsknoten und eine Schlinge sind fertig.

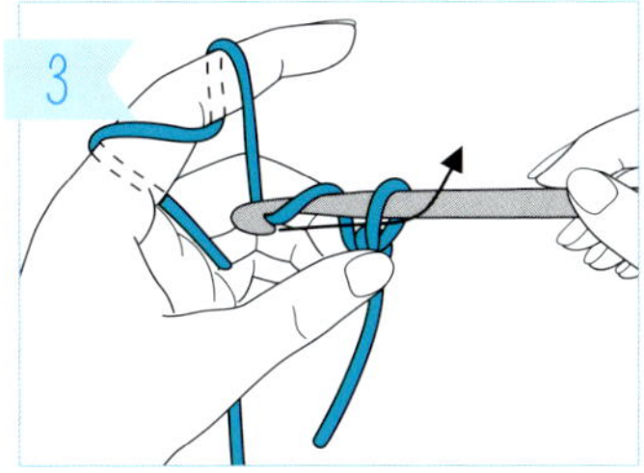

Den Anschlagsknoten mit Daumen und Mittelfinger halten, den Faden vom Zeigefinger mit der Nadel erfassen und durch die Schlinge ziehen. Die 1. Luftmasche ist fertig. Wiederholen, bis die gewünschte Luftmaschenzahl erreicht ist.

FADENRING

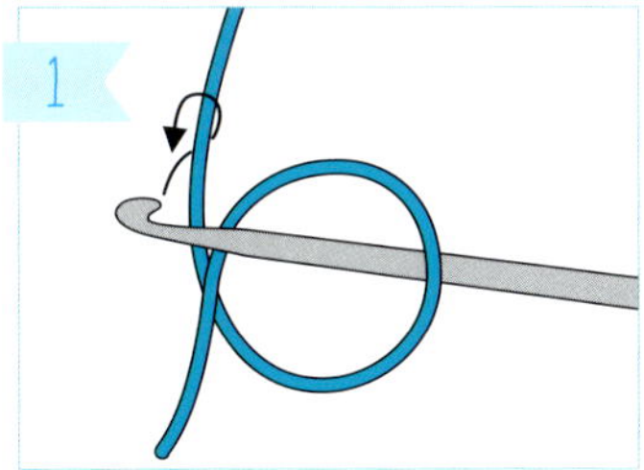

Den Faden zu einer Schlinge legen, sodass sich die Fäden kreuzen. Dabei das Fadenende zwischen Zeigefinger und Daumen halten. Die Häkelnadel durch die Schlinge führen und den Faden um die Nadel legen und den Umschlag durchziehen. Nicht festziehen!

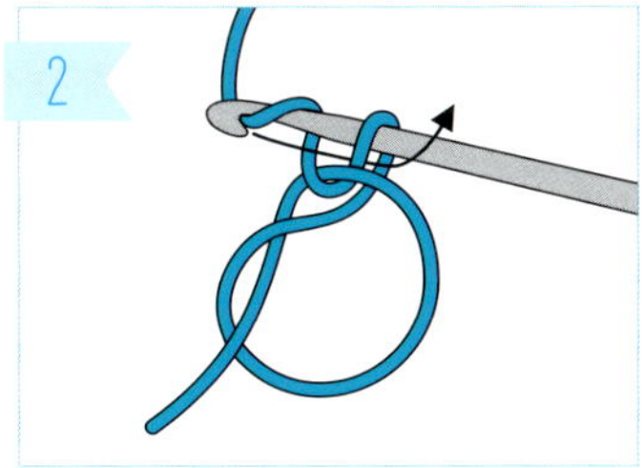

Den Arbeitsfaden um den linken Zeigefinger legen und den Kreuzungspunkt festhalten, 1 Umschlag durch die Schlinge auf der Nadel ziehen (= 1 Luftmasche). Den Ring wie angegeben behäkeln und am Ende der 1. Runde den Fadenring festziehen.

KETTMASCHE

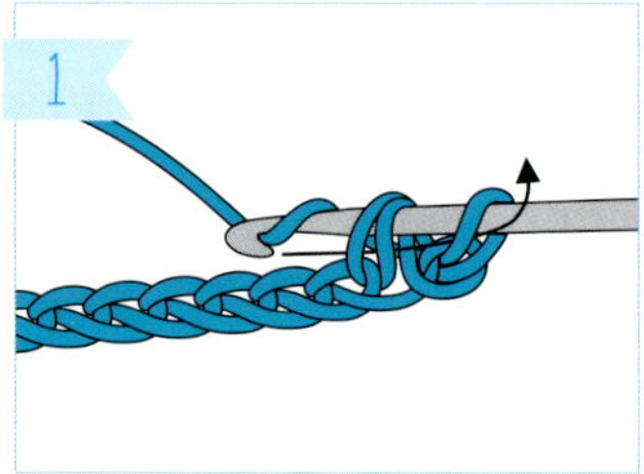

In die vorgesehene Masche einstechen, den Faden um die Nadel legen und diesen Umschlag durch alle Schlingen auf der Nadel ziehen.

FESTE MASCHE

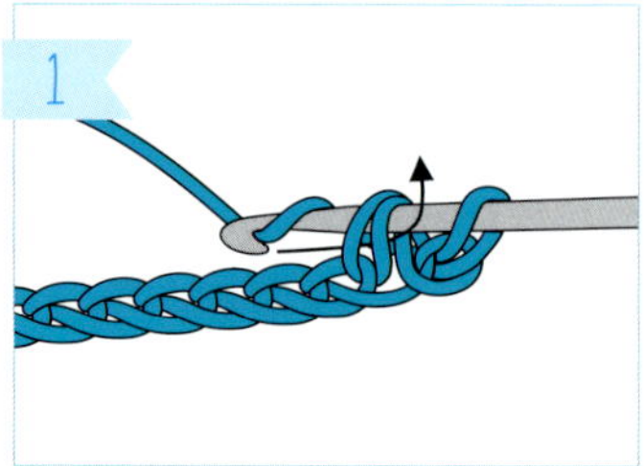

In die vorgesehene Masche einstechen und den Faden von hinten nach vorn um die Nadel legen und durchziehen.

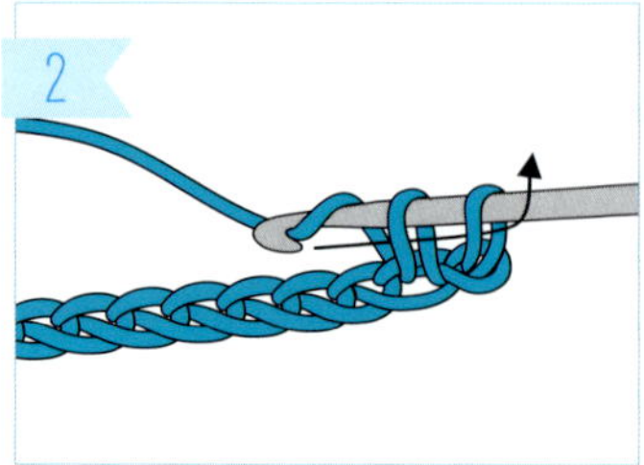

Den Faden erneut um die Nadel legen und durch beide Schlingen ziehen.

FESTE MASCHE INS VORDERE MASCHENGLIED

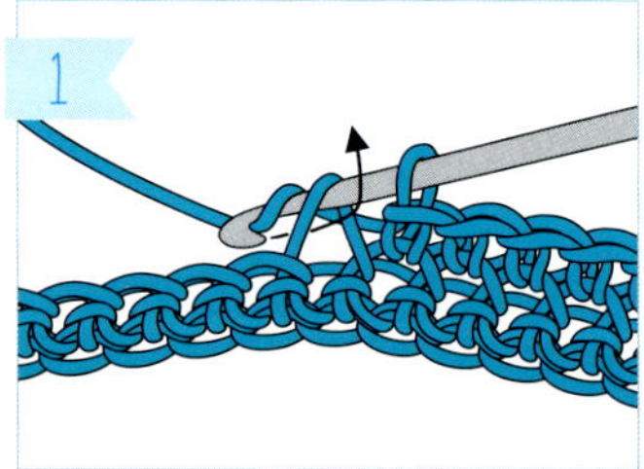

Beim Einstechen in die Masche der Vorreihe/-runde darauf achten, dass stets nur das vordere Maschenglied erfasst wird. Dann wie bei allen festen Maschen den Faden erneut um die Nadel legen und durch beide Schlingen ziehen.

FESTE MASCHE INS HINTERE MASCHENGLIED

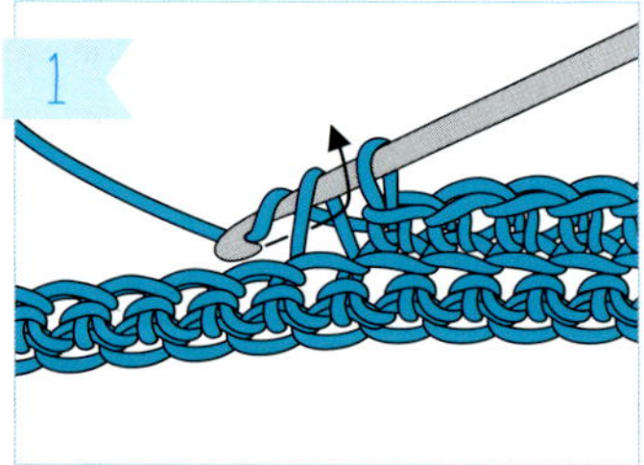

Beim Einstechen in die Masche der Vorreihe/-runde darauf achten, dass stets nur das hintere Maschenglied erfasst wird. Dann wie bei allen festen Maschen den Faden erneut um die Nadel legen und durch beide Schlingen ziehen.

HALBES STÄBCHEN

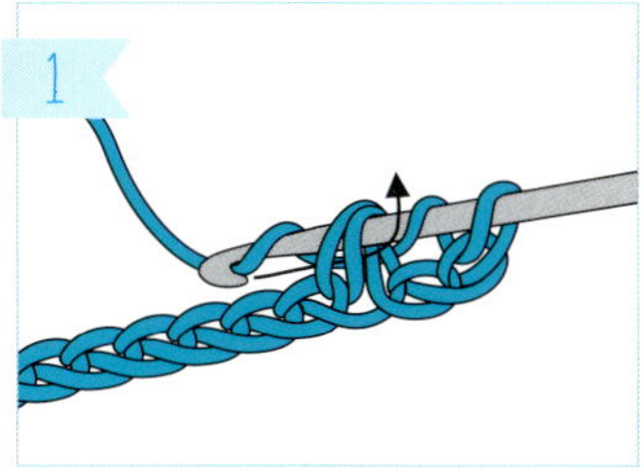

1 Umschlag um die Nadel legen, in die vorgesehene Masche einstechen. Den Faden holen und durchziehen. Es liegen nun 3 Schlingen auf der Nadel.

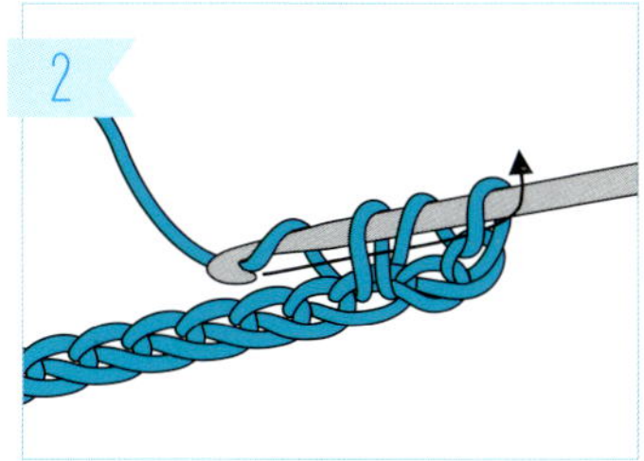

Den Faden nochmals holen und durch alle 3 Schlingen ziehen.

STÄBCHEN

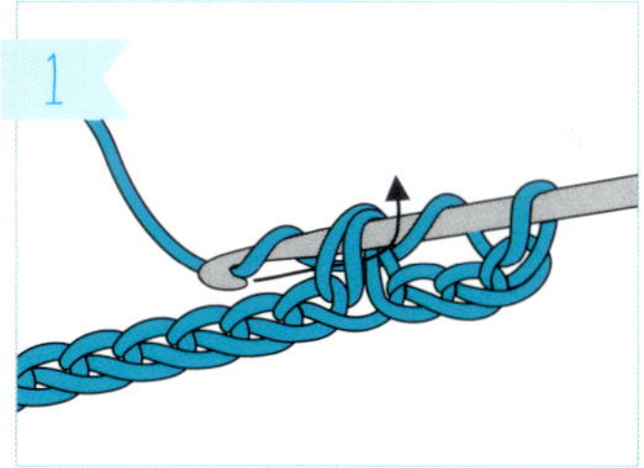

1 Umschlag um die Nadel legen und in die vorgesehene Masche einstechen. Den Faden holen und durchziehen. Es liegen nun 3 Schlingen auf der Nadel.

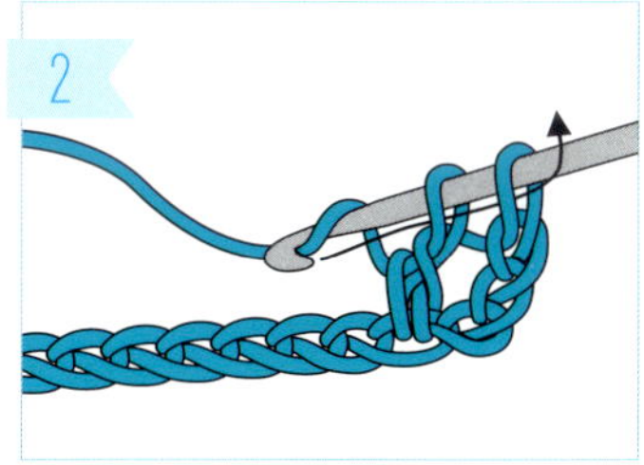

Den Faden erneut holen und durch 2 Schlingen auf der Nadel ziehen. Es liegen nun 2 Schlingen auf der Nadel.

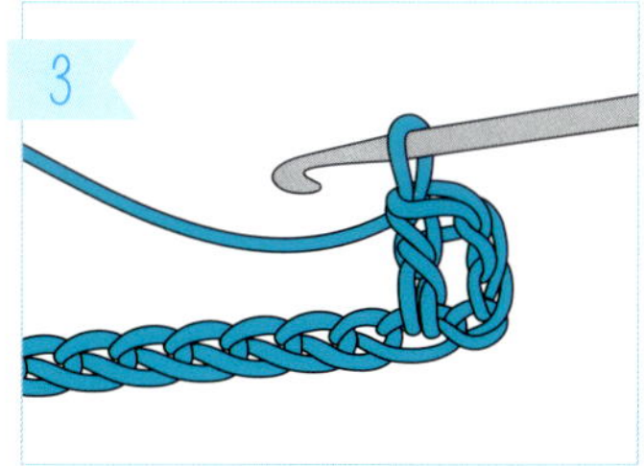

Den Faden nochmals holen und durch die restlichen 2 Schlingen ziehen.

DOPPELSTÄBCHEN

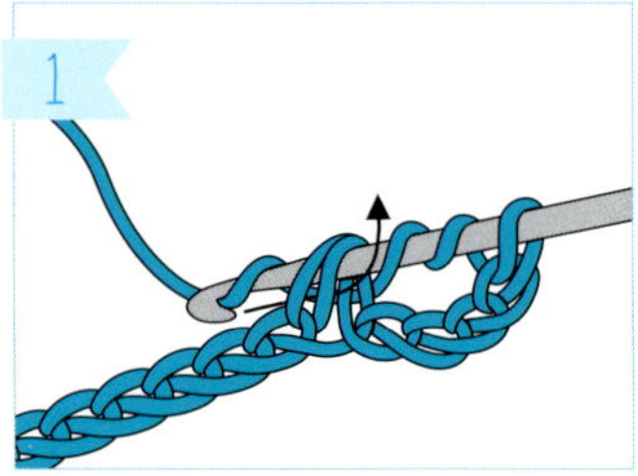

2 Umschläge um die Nadel legen und in die vorgesehene Masche einstechen. Den Faden um die Nadel legen. Diesen Umschlag durchziehen.

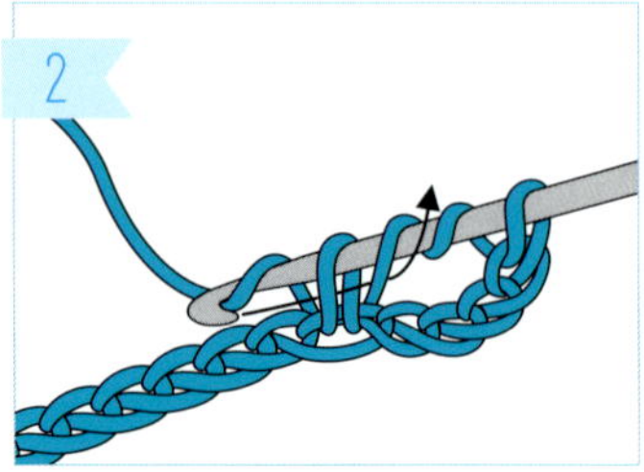

Es liegen nun 4 Schlingen auf der Nadel. Den Faden wieder um die Nadel legen. Diesen Umschlag durch 2 der 4 Schlingen ziehen.

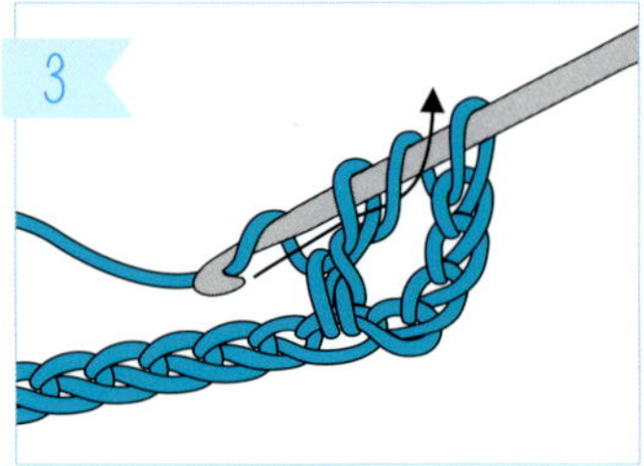

Es liegen nun 3 Schlingen auf der Nadel. Den Faden wieder um die Nadel legen. Diesen Umschlag durch 2 der 3 Schlingen auf der Nadel ziehen.

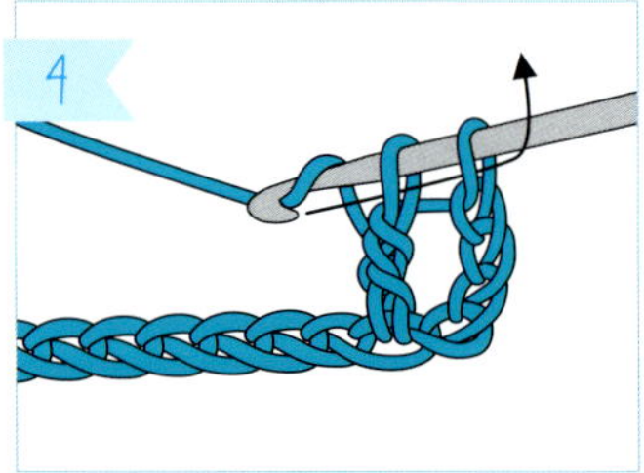

Den Faden noch einmal um die Nadel legen. Diesen Umschlag durch die letzten beiden Schlingen auf der Nadel ziehen.

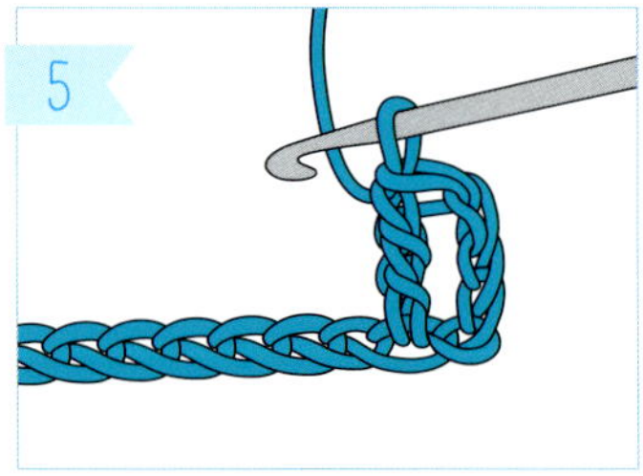

Das Doppelstäbchen ist fertig. Die Schritte 1 bis 4 stets wiederholen.

DREIFACH- UND VIERFACHSTÄBCHEN

Bei Dreifach- und Vierfachstäbchen wird zu Beginn jeweils die Anzahl der Umschläge entsprechend erhöht und das Stäbchen nach demselben Prinzip wie das Doppelstäbchen gehäkelt.

UNSICHTBARES ZUNEHMEN

Beim unsichtbaren Zunehmen arbeitet man die erste feste Masche nur in die vordere Maschenschlaufe und die zweite feste Masche dann wie gewohnt in beide Schlaufen gleichzeitig.

Achtung: Beim Häkeln in Reihen wird die erste feste Masche immer in die von außen sichtbare Maschenschlaufe gearbeitet. Pro Reihe wird also immer zwischen vorderer und hinterer Schlaufe gewechselt.

UNSICHTBARES ABNEHMEN

Beim unsichtbaren Abnehmen wird die Häkelnadel zunächst durch die vorderen Maschenschlaufen der folgenden zwei Maschen gestochen und der Faden dann durch beide Schlaufen gleichzeitig geholt. Der Faden wird dann wie gewohnt durch die beiden Fadenschlingen, die sich nun auf der Häkelnadel befinden, gezogen.

Achtung: Beim Häkeln in Reihen wird die Abnahme immer in die von außen sichtbaren Maschenschlaufen gearbeitet. Pro Reihe wird also immer zwischen vorderen und hinteren Schlaufen gewechselt. Zu beachten ist hier weiterhin, dass beim Arbeiten in die vorderen Schlaufen die Häkelnadel erst in die übernächste und dann in die nächste Masche gestochen wird.

ARBEIT BEENDEN

Endet die Arbeit mit einer Luftmasche, schneidet man den Faden einfach ab und zieht das Fadenende aus der Luftmasche und dann fest.

Endet die Arbeit mit einer Kettmasche, schneidet man den Faden ebenfalls ab und zieht ihn aus der Kettmasche. Danach fädelt man den Faden von vorne durch die folgende Masche und dann von oben wieder durch die Kettmasche (= durch die hintere Schlaufe). Damit dies besser hält, das Fadenende nun zusätzlich noch durch die hintere Schlaufe der Masche in der darunterliegenden Runde fädeln.

DANKSAGUNG

Ich möchte mich an dieser Stelle ganz herzlich bei meinem Freund Christoph bedanken, für seine Inspiration, wenn ich mal kreativ auf dem Schlauch stand, sowie für seine konstruktive Kritik und stets ehrliche Meinung zu meinen Amigurumi und dem Buch.

IMPRESSUM

Konzept, Text und Realisation: Dana Erdtmann, www.danae-handarbeiten.de
Fotografie: Stellan Gottschalk, Dana Erdtmann
Redaktion und Projektmanagement: Martina Unterfrauner
Lektorat: Dr. Katrin Korch, www.literatur-und-mehr.de
Layout: Elke Mader
Umschlaggestaltung: Leeloo Molnar
Repro: LUDWIG:media
Herstellung: Stephanie Schlemmer
Printed in Slovenia by Florjancic

★★★★★

Sind Sie mit diesem Titel zufrieden? Dann würden wir uns über Ihre Weiterempfehlung freuen. Erzählen Sie es im Freundeskreis, berichten Sie Ihrem Buchhändler oder bewerten Sie beim Onlinekauf. Und wenn Sie Kritik, Korrekturen oder Aktualisierungen haben, freuen wir uns über Ihre Nachricht an Christophorus Verlag, Postfach 40 02 09, D-80702 München oder per E-Mail an lektorat@verlagshaus.de.

Unser komplettes Programm finden Sie unter
www.christophorus-verlag.de

Alle gezeigten Modelle, Illustrationen und Fotos sind urheberrechtlich geschützt. Eine gewerbliche Nutzung ist untersagt. Dies gilt auch für eine Vervielfältigung bzw. Verbreitung über elektronische Medien. Autorin und Verlag haben alle Angaben und Anleitungen mit größtmöglicher Sorgfalt zusammengestellt. Dennoch kann bei Fehlern keinerlei Haftung für direkte oder indirekte Folgen übernommen werden. Stoffe, Materialien und Modelle können von den jeweiligen Originalen abweichen. Die bildliche Darstellung ist unverbindlich.

Sollte dieses Werk Links auf Webseiten Dritter enthalten, so machen wir uns die Inhalte nicht zu eigen und übernehmen für die Inhalte keine Haftung.

In diesem Buch wird aus Gründen der besseren Lesbarkeit das generische Maskulinum verwendet. Weibliche und anderweitige Geschlechteridentitäten werden dabei ausdrücklich mitgemeint, soweit es für die Aussage erforderlich ist.

Herstellerverzeichnis:

- Kurtenbach GmbH& Co.KG, Limburg, www.kurtenbach.de
- Wolle Rödel, Paderborn, wolle-roedel.com
- Rico Design GmbH & Co. KG, Brakel, www.rico-design.de

Die Deutsche Nationalbibliothek verzeichnet diese Publikation in der Deutschen Nationalbibliografie; detaillierte bibliografische Daten sind im Internet über http://dnb.d-nb.de abrufbar.

© 2020 Christophorus Verlag in der Christian Verlag GmbH
Infanteriestraße 11a
80797 München

Alle Rechte vorbehalten

ISBN 978-3-8410-6612-1

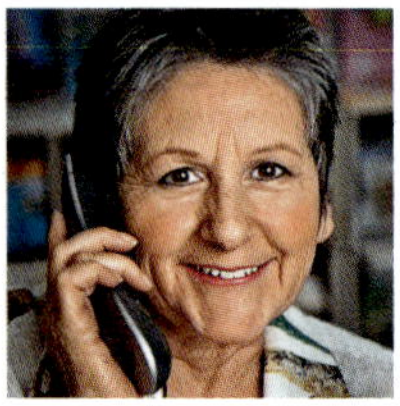

Kreativ-Service

Sie haben Fragen zu den Büchern und Materialien? Frau Erika Noll ist für Sie da und berät Sie rund um alle Kreativthemen. Rufen Sie an! Wir interessieren uns auch für Ihre eigenen Ideen und Anregungen.
Sie erreichen Frau Noll per E-Mail: **mail@kreativ-service.info** oder
Tel.: **+49 (0) 5052/91 18 58**

Besuchen Sie uns im Internet: www.christophorus-verlag.de